**rowohlts monographien
begründet von Kurt Kusenberg
herausgegeben
von Wolfgang Müller und Uwe Naumann**

Lord Byron

mit Selbstzeugnissen
und Bilddokumenten
dargestellt von
Hartmut Müller

Rowohlt

Dieser Band wurde eigens für «rowohlts monographien» geschrieben
Den Anhang besorgte der Autor
Die Bibliographie wurde 2000 neu erstellt von Clemens Heithus
Herausgeber: Kurt Kusenberg · Redaktion: Beate Möhring
Assistenz: Erika Ahlers
Umschlaggestaltung: Werner Rebhuhn
Vorderseite: Lord Byron im Alter von 26 Jahren. Gemälde von
Thomas Phillips (Aus: Elizabeth Longford, London 1976)
Rückseite: Konstantinopel im frühen 19. Jahrhundert
(Archiv Weidenfeld and Nicholson)

Veröffentlicht im Rowohlt Taschenbuch Verlag GmbH,
Reinbek bei Hamburg, August 1981
Copyright © 1981 by Rowohlt Taschenbuch Verlag GmbH,
Reinbek bei Hamburg
Alle Rechte an dieser Ausgabe vorbehalten
Satz Times (Linotron 404)
Gesamtherstellung Clausen & Bosse, Leck
Printed in Germany
ISBN 3 499 50297 6

5. Auflage Juni 2000

Inhalt

Proteus 7
Crede Byron 10
Das Bergfohlen 17
Stunden der Muße 36
Childe Harolds Pilgerfahrt 51
«Zu leben wie Fox und wie Chatham zu sterben» 75
«Der teure Wahnsinn, der mein Herz zerfrißt» 83
«Wenn man sein Heimatland entschwinden sieht» 96
Don Juan 118
«Auf! Söhne der Hellenen!» 124
Euphorion 133

Anmerkungen 139
Zeittafel 145
Zeugnisse 147
Bibliographie 150
Namenregister 156
Über den Autor 159
Quellennachweis der Abbildungen 159

*Lord George Gordon Byron, Gemälde von R. Westall,
National Portrait Gallery*

Proteus

George Gordon Noel Lord Byron ist eine der faszinierendsten Gestalten der englischen Literatur. Sein schillernder Charakter, sein abenteuerliches Leben, seine poetisch produktive Existenz beschäftigten die Phantasie seiner Zeitgenossen in ungewöhnlichem Maße. Sein Aussehen, seine Lebensgewohnheiten, seine zahlreichen Amouren, seine familiären Verhältnisse, seine Ansichten über Leben, Literatur und Politik wurden von ihnen mit großer Neugierde registriert und in vielen biographischen Schriften festgehalten. Besonderes Interesse fand die Frage nach den autobiographischen Beziehungen zwischen seinem Werk und seinem Leben.

Goethe bezeichnete Byron als einen der bedeutendsten Dichter seiner Zeit: «In natürlicher Wahrheit und Großheit, obgleich wild und unbehaglich ausgebildetes Talent ist Lord Byron, und deswegen kaum ein anderes ihm vergleichbar.»[1]* Madame de Staël, Stendhal, Walter Scott und Thomas Moore priesen die Genialität seiner Dichtungen. Doch schon bei den Zeitgenossen Byrons zeigte sich neben begeisterter Zustimmung auch rigorose Ablehnung. Stellvertretend für viele Kritiker rügte der englische Romantiker Robert Southey den unmoralischen Charakter seiner Werke und sah in dem Dichter sogar den Führer der «satanischen» Schule.[2] Der fromme Arzt Dr. James Kennedy, mit dem Byron wenige Monate vor seinem Tod in Griechenland über religiöse Fragen diskutierte, entgegnete auf die Bemerkung des Dichters, er wolle in seinen Werken nur die Laster und die Heuchelei der oberen Gesellschaftsschichten entlarven: «Sie sind wie ein Wundarzt, der mit teuflischer Freude die alten Lumpen, Salben und Binden von den zahlreichen Wunden seiner mit Geschwüren bedeckten Patienten wegreißt.»[3]

Byron unternahm wenig, um diesem Eindruck entgegenzutreten, er schien sich nicht selten in seiner Rolle als berühmter, skandalumwitterter Autor zu gefallen. Er wußte, daß sich die Menschen in seiner Umgebung Notizen machten über ihre Gespräche mit ihm, und zuweilen empfand er eine diebische Freude, wenn er seine schauspielerischen Talente zeigen und die Vorurteile mancher Zeitgenossen durch «amoralische» Bemer-

---

* Die hochgestellten Ziffern verweisen auf die Anmerkungen S. 139 ff.

kungen festigen konnte: *Ich habe ein Gewissen,* so erklärte er ihnen, *obwohl mir das die Welt nicht glaubt, ich bereue jetzt nicht die wenigen Sünden, die ich begangen habe, sondern die vielen, die ich nicht begangen habe. Es gibt auch Dinge, die wir nicht tun würden, wären sie nicht verboten.*[4]

Byrons Ruhm stellte sich schlagartig ein, nachdem am 10. März 1812 die ersten beiden Gesänge seiner Verserzählung *Childe Harolds Pilgerreise* erschienen waren und einen geradezu sensationellen Erfolg hatten. Das Werk fand nicht nur bei der Aristokratie große Resonanz. Auch Angehörige des Mittelstandes schrieben an den Dichter; sie identifizierten sich mit dem unglücklichen Helden Harold, der seine Talente verschwendete und das Schicksal gegen sich hatte. Büroangestellte und Pfarrer schicken ihm ihre eigenen Verse und bitten ihn um sein Urteil, viele Frauen erhoffen sich ein Rendezvous mit dem Dichter, eine besorgte Christin versucht, ihn zu bekehren («Es gibt ein Leben nach dem Tod!»). Byron nimmt zahlreiche Kontakte auf, empfängt Besucher, schreibt viele Briefe, im ganzen ungefähr zweitausend, und fühlt sich ein in die Art der verschiedenen Menschen. Sein Briefstil wechselt in auffälliger Weise entsprechend den jeweiligen Adressaten und Gesprächspartnern. Einmal ist er fröhlich, dann besorgt, melancholisch, burschikos, wohlwollend, zynisch, menschenfreundlich, erhaben, trivial, sanft und zornig, vernünftig, phantastisch, kindisch und lebensklug. Wie das berühmte Chamäleon, nimmt er die Farbe der Umgebung an. Er verfügt über viele Masken und Kostüme; wie Proteus hat er die Gabe der Verwandlung. Voraussetzung für diese Verwandlungskunst ist sein komplexer, in sich widersprüchlicher Charakter. Byron ist ein Romantiker mit dem Esprit der klassizistischen Epoche, ein Soldat und Dichter, ein Salonlöwe, der den Ruhm genießt und zugleich als Belästigung empfindet, ein Peer des Königreichs, für den der Komment seiner Kaste verbindlich ist und der der öffentlichen Moral trotzt, ein monogamer Frauenverführer mit einer Beimischung von Homosexualität, ein Genius mit dem Geschmack am Gewöhnlichen, ein Spötter, der durch seinen geistvollen Charme Gefühle erregt und sie durch seinen Sarkasmus zerstört.

In der angelsächsischen Welt, besonders in den USA, hat man nie aufgehört, sich mit Byron zu beschäftigen, wobei häufig die Darstellung seines romanhaften Lebens im Vordergrund stand. Bei der Würdigung seines Werkes wurde manchmal der Briefschreiber und Prosaschriftsteller gegen den Poeten oder der Satiriker gegen den Lyriker ausgespielt. In neuerer Zeit versucht man, Byrons dichterische Gesamtentwicklung zu erfassen und das Stilgesetz seiner Werke von deren eigenen Voraussetzungen aus zu untersuchen.[5] Eine Neuausgabe seiner Briefe und Tagebücher hat Leslie Marchand vorgelegt, Jerome McGann verdanken wir eine neue Edition seiner Dichtungen. Im Jahre 1969 wurde in der Westminster-Abtei ein Gedenkstein für Lord Byron enthüllt, zwei Jahre später fand die Gründung der Byron-Gesellschaft statt, 1973 erschien zum erstenmal das «Byron Journal». Im folgenden Jahr veranstaltete das Victoria and Albert Museum in London eine vielbeachtete Ausstellung zur Erinnerung an Byrons 150. Todestag. Nach mehr als 70 Jahren erschien 1978 auch wieder eine deutsche Gesamtausgabe der Werke Byrons. Der Herausgeber, Siegfried Schmitz, stützte sich auf die bewährten Übertragungen von Otto Gildemeister, Alexander Neidhart, Adolf Seubert und verglich den Text der Übersetzungen mit der historisch-kritischen Ausgabe.[6]

Crede Byron

Das Schiff «Trinidada» gerät auf seiner Fahrt nach Livorno in einen heftigen Sturm. Die Segel werden rasch geborgen, aber um ein Uhr nachts reißt die aufgewühlte See *den Hintersteven los*, auch das Ruder bricht, unaufhaltsam dringt das Wasser in den Schiffsrumpf, mit äußerster Kraft arbeiten die Matrosen an den Pumpen, doch alles ist vergebens. Mit *Laken, Hemden, Jacken, Decken* versucht die Mannschaft, das Leck zu dichten. Schließlich müssen auch noch die Masten gekappt werden. Die Matrosen, den sicheren Tod vor Augen, versuchen, sich auf ihre Weise zu beruhigen. *Der eine trank, der andere sang Choräle.* Einem Teil der Mannschaft gelingt es im letzten Augenblick, sich in ein kleines Boot zu retten. Auch ein junger Mann namens Don Juan und sein Lehrer Don Pedrillo springen in die Barkasse. Nach sechs Tagen auf hoher See sind alle Nahrungsvorräte aufgebraucht. Don Juan kann sich nicht anders helfen, er verzehrt seinen treuen Hund, als der Hunger zu wild wird. Am siebten Tag beschließt die Mannschaft, halb wahnsinnig vor Gier, einen Mann durch das Los zu bestimmen, der ... *sterben soll und ihnen Speise geben.* Don Pedrillo ist das bedauernswerte Opfer, er wird von den Matrosen aufgefressen. Tobsucht bricht aus, *knirschend und heulend, wie Hyänen kreischend/Und lachend starben sie, sich selbst zerfleischend.*[7]

Diese Episode, die schon von den Zeitgenossen Byrons als sadistisch kritisiert wurde, geht auf einen wahren Bericht zurück. Der Großvater des Dichters, Admiral John Byron, schildert darin die unsäglichen Strapazen und entsetzlichen Katastrophen, die er während seiner Weltumseglung in den Jahren 1740 bis 1746 erlebt hatte. Teile seiner Erzählung verwendete Byron für die Schilderung von Don Juans Schiffbruch.[8] Dieser Vorfahre, John Byron, hatte schon als sechzehnjähriger Schiffsjunge bei einem Schiffbruch vor der Küste Chiles nur knapp sein Leben retten können. Später wurde er Schiffskommandant, 1775 Konteradmiral. Aber bei allen seinen Unternehmungen hatte er großes Pech. So fuhr er bei seiner Weltreise von der Magellanstraße aus genau nach Westen und entdeckte dort nur die «Inseln der Enttäuschungen». Es war geradezu ein Kunststück, dort nichts anderes zu entdecken. Keine seiner vielen Seereisen ging ohne Stürme ab, deswegen nannte man ihn «Schlechtwetterhans» (Foulweatherjack). Als er im Krieg Englands mit Frankreich einmal

*Großvater
Admiral John Byron
(1723–1786)*

plötzlich auf einige feindliche Kriegsschiffe trifft, werden wiederum mehrere seiner Schiffe durch ein Unwetter beschädigt. Schlechtwetterhans wird nervös, greift zu früh an, wird von den Franzosen besiegt und zum Dank dafür von seinem ungnädigen König in den Ruhestand verabschiedet. Johns älterer Bruder war der fünfte Lord William Byron, ein Lebemann und Verschwender im großen Stil. Auf dem Stammsitz der Familie, Newstead Abbey bei Nottingham, ließ er direkt am See ein Lustschloß erbauen, in dem er Konzerte zu hören pflegte. Zwei Miniaturkastelle benützte er als militärische Objekte beim Soldatenspielen mit seiner zahlreichen Dienerschaft. Als seine Spielschulden 5000 Pfund betragen, verkauft er 2700 Stück Wild aus seinen Waldungen und läßt viele alte

Wappen der Byrons mit der Inschrift: Crede Byron

Eichen fällen. Am 26. Januar 1765 sitzt er mit seinem Vetter und Gutsnachbarn Chaworth in der Wirtschaft «Stern und Hosenbandorden» in Pall Mall in London. Es kommt zu einem heftigen Wortwechsel, als Chaworth seinem Vetter vorwirft, er habe den Wildbestand auf Newstead fast ausgerottet, sie, die Nachbarn, müßten jetzt die übriggebliebenen Tiere hegen. Plötzlich springen die beiden Männer auf, die Wirtsstube ist nur durch eine Kerze erhellt, Byron ergreift seinen Degen und durchbohrt Chaworth mit solcher Wucht, daß dieser schwerverwundet liegenbleibt und am nächsten Tag stirbt. Die skandalöse Bluttat erregt großes Aufsehen. Byron wird im Tower gefangen gehalten. Als Peer des Königreichs kann er nur vom Oberhaus abgeurteilt werden. 119 Lords erklären: «Nicht schuldig des Mords, aber schuldig des Totschlags, bei meiner Ehre», vier stellen fest: «Nicht schuldig». Das Urteil kommt einem Freispruch gleich. Daß der Schuldige die Tat bereut hat, ist recht zweifelhaft. Er hängt die Mordwaffe wie eine Trophäe in seinem Schlafzimmer auf.

In Byrons Gedicht *Das Duell*, das an Mary Chaworth, die Großnichte des Getöteten gerichtet ist, stehen die Zeilen: *Das Fechterpaar und dann ein Stoß / Das teures Ahnenblut vergoß. / Ich sah das Schwert, mit dem's geschah; / Dir stand der Fallende so nah ...*[9]

Der fünfte Lord tat in der Folgezeit alles, um seinem Namen «Der böse Lord» (The Wicked Lord) Ehre zu machen. Als sein Sohn eine reiche Heirat ausschlägt und mit einer mittellosen Cousine durchbrennt, rächt er sich auf niederträchtige Weise. Planmäßig ruiniert er dessen Erbe Newstead Abbey. Ganze Wälder werden auf seinen Befehl abgeholzt, Sümpfe bilden sich, das Herrenhaus wird als Scheune und Stall verwendet, durch die verfallenen Gebäude streicht der Wind. Die Kohlenbergwerke in Rochdale (zwischen Halifax und Manchester) verpachtet er zu einem lächerlich geringen Preis, was juristisch unhaltbar war. Schließlich verläßt ihn seine Frau, die Nachbarn meiden ihn, er wird immer verrückter, geht nie ohne seine Pistolen aus und beschäftigt sich hingebungsvoll in seiner Küche mit der Zucht von Grillen.

Als Stammväter des Geschlechts der Byron oder Burun, wie sie sich ursprünglich nannten, gelten Erneis und Radulphus, die zur Zeit Wilhelms des Eroberers nach England kamen, für den Normannenkönig bei Crecy und Bosworth gegen die Angelsachsen kämpften und mit reicher Kriegsbeute belohnt wurden. Zwar war es nach der Meinung des Dichters sehr verwerflich, daß seine Vorfahren den Besiegten ungefähr 50 Höfe abnahmen, aber, so bemerkt er mit beißender Ironie: *Indes sie bauten Kirchen von der Beute / Und waren folglich liebe fromme Leute.*[10]

Das Wappen der Familie bestand aus einem silbernen Schild mit drei roten Streifen. Als Helmzier führten sie kapriziöserweise eine Nixe, die einen Spiegel in der Hand hielt; der Wappenspruch lautete: «Crede Byron» (Vertraue Byron).

Auch in späteren Jahrhunderten waren die Byrons an der Seite der englischen Könige zu finden. Als Heinrich VIII. nach der Lostrennung der englischen Kirche von Rom die willkommene Gelegenheit ergriff, den reichen Kirchenbesitz an sich zu reißen, dachte er dabei auch an seinen «geliebten Diener John Byron von Colwythe», dem er als Zeichen seiner besonderen Gnade die Augustinerabtei Newstead für wenig Geld verkaufte. Diese Abtei war von Heinrich II. gegründet worden, angeblich als Sühne für die Ermordung Thomas Becketts. Die Byrons verwandelten das Anwesen in ein Herrenhaus. Der Familiensitz wurde im 17. Jahrhundert von den Truppen Cromwells eingenommen. Sieben Brüder Byrons hatten auf der Seite des legitimen Herrschers Karls I. in der Schlacht von Edgehill (1642) gekämpft. Obwohl der Älteste zu früh angriff und dadurch die Siegeschancen der Cavaliere erheblich verringerte, zahlte sich die Loyalität gegenüber dem König aus: Er wurde zum Baron von Rochdale erhoben und erhielt die Pairswürde. Später teilte er mit Karl II. das Exil in Frankreich, kehrte als dritter Lord Byron mit dem Stuartkönig nach England zurück, heiratete 1661 Elizabeth, die Tochter seines Guts-

Newstead Abbey, Gemälde von Pieter Tillemans

nachbarn Vicomte Chaworth und verband Newstead mit Annesley Hall durch die sogenannte «Hochzeitsallee».

In der Tat eine eindrucksvolle Ahnengalerie, die wohl am nachhaltigsten den berühmtesten Nachfahren der alten Familie, George Gordon, den sechsten Lord Byron, beeindruckte. Er kannte die Geschichte seines Hauses ganz genau, wie viele Anspielungen in seinen Dichtungen beweisen. Zwar waren Macht und Reichtum der alten Familie dahingeschmolzen; die verschwenderischen Ahnen, denen es ein immerwährendes Bedürfnis war, in großem Stil und über ihre Verhältnisse zu leben, hatten dafür gesorgt: ... *unsere sonderbaren Abenteuer sind das einzige Erbe unserer Familie, das nicht zusammengeschmolzen ist.*[11] Aber sie waren große Herren, die zu den ersten Familien des Königreichs zählten, Männer der Tat, Eroberer und Abenteurer, Kriegshelden und Frauenhelden, die ein Leben in Ungebundenheit für sich beanspruchten und die es sich leisteten, ihren Leidenschaften freien Lauf zu lassen. *Aristokrat von Geburt, bin ich es naturgemäß der Gemütsart nach,* sagt Byron einmal zu

Medwin.[12] Er ist nicht nur sehr stolz auf seine Ahnen, er fühlt sich ihnen auch in mancher Hinsicht verwandt: *In mir ... ist etwas vom Blut meiner Vorfahren. Es ist lächerlich zu bestreiten, daß unsere Leidenschaften vererbt sind, ebenso wie die Gicht oder irgendeine andere Krankheit.*[13] So erinnert die Behandlung, die Byrons Frau, Lady Milbanke, nach ihren eigenen Angaben zeitweilig von ihrem Mann erdulden mußte, in gewisser Weise an die Brutalität und Heftigkeit des «bösen Lords»; von seinem Großvater hat der Dichter zweifellos die Liebe zu Abenteuer und Seefahrt, die Sehnsucht nach fernen Ländern geerbt; der Hang zu zahllosen Liebesaffären und die Sucht, den erworbenen Reichtum durch einen aufwendigen Lebensstil zu verschwenden, ist vielen Byrons gemeinsam gewesen. Doch diese charakterliche Verwandtschaft erklärt noch nicht ganz die enge Bindung Byrons an seine Ahnen. Es wurde in Italien aufmerksam registriert, daß sich der berühmte Dichter viel mehr darauf zugute hielt, daß er ein Abkömmling der Byrons aus der Normandie war, die Wilhelm dem Eroberer nach England folgten, als der Autor seiner damals allgemein bewunderten Verserzählungen *Parisina* und *Lara*. Er wollte nicht als Literat gelten, sondern als Mann von Welt, als englischer Gentleman wie seine Vorfahren. Darüber hinaus, das war seine lebenslange Sehnsucht, wollte er ein Mann der Tat sein, wie sie es in seiner Vorstellung waren. In seinem Gedicht *An diesem Tag vollende ich mein 36. Jahr* stehen die bezeichnenden Zeilen:

> *Wach auf mein Geist! und denk daran,*
> *Wessen Blut dir schwellt des Herzens Schlag,*
> *Und dann voran!*[4]

Diese Verse sind im griechischen Freiheitskampf gedichtet; der Autor hält sich das Vorbild seiner kriegerischen Ahnen vor Augen und ruft sich selbst zur Tat auf. «Tat», «Handeln», «Handlung» sind für ihn fast magische Worte, dagegen ist die ganze Schriftstellerei nur eine Art Ersatzhandlung. Die Poesie kann nur zu Wort kommen, wenn die Leidenschaften schlafen, sie ist für einen Aristokraten – damit kokettiert er – ein Produkt der Mußestunden. So schreibt er am Mittwoch, dem 24. November 1813, in sein Tagebuch: *... ich halte die Tatsache, daß man Schreibende den Handelnden vorzieht – das gewaltige Aufsehen um Kritzler und Skribenten, von ihnen selbst und anderen in Bewegung gehalten – für ein Zeichen der Verweichlichung, Degeneration und Schwäche. Wer würde schreiben, wenn er etwas Besseres tun könnte? «Handeln-Handeln-Handeln» – sagte Demosthenes: «Handlungen-Handlungen-Handlungen», sage ich und nicht schreiben – reimen zu allerletzt. Man braucht nur das nörgelnde und monotone Dasein der «genus» anzusehen; – außer Cervantes, Tasso, Dante, Ariosto, Kleist (die tapfere und aktive Bürger waren), Äschylos, Sophokles und noch ein paar andere der Antike – was für eine* *wertlose, faule Brut es doch ist!*[15] Byron haßt Autoren, *die nur Autoren sind*; allein die Verbindung von Weltmann und Literat, wie er sie bei den zeitgenössischen Schriftstellern Scott, Rogers und Moore zu finden glaubt, scheint ihm akzeptabel, denn diese verstehen mehr als *Federkäun*. Den Skribenten aber, die Schöngeister sein wollen und nie die Aussicht haben, Gentlemen zu werden, gelten folgende Zeilen aus seiner Verserzählung *Beppo*:

> *Sie überlaß ich ihrem ew'gen Teetisch*
> *Und Damencliquen, zierlich und ästhetisch.*[16]

Das Bergfohlen

Byrons Vater, John Byron, Sohn des Admirals, hatte zwei ausgeprägte Talente. Er verstand es, in sehr kurzer Zeit sehr viel Geld auszugeben, das ihm meistens nur geliehen worden war, immer neuen Mätressen den Hof zu machen und sich zuweilen auch von seinen Geliebten bezahlen zu lassen. Er war charmant, hübsch, ein Abenteurer und großer Verschwender; später wurde er von seinem Vater enterbt, weil dieser schließlich die Geduld verlor. John besuchte eine französische Militärakademie. Der Admiral kaufte ihm eine Offiziersstelle in der Leibgarde. Im amerikanischen Krieg zeigte der exzentrische Gardekapitän eine bemerkenswerte Tapferkeit. Man nannte ihn den «Tollen Jack» (Mad Jack). 1778 kehrte er nach London zurück, seine Spielschulden waren zu einer so immensen Höhe angewachsen, daß sich der junge Lebemann zum Äußersten entschloß: er heiratete eine der schönsten Damen der Londoner Gesellschaft, die außerdem den nicht zu unterschätzenden Vorzug besaß, daß sie eine Jahresrente von 4000 Pfund in die Ehe brachte. Es war die Marquise Carmarthen. 1783 wurde die Tochter Augusta geboren; schon im nächsten Jahr stirbt die Marquise in Frankreich. Damit gerät John erneut in bedrängende finanzielle Schwierigkeiten, und er sieht nur einen Ausweg: er muß eine reiche Erbin finden. Wieder reist er nach England. In Bath trifft er Catherine Gordon of Gight, deren Vermögen auf 23 000 Pfund veranschlagt wird. Sie ist klein, korpulent, provinziell in Sprache und Auftreten. Ihre Bildung ist eher bescheiden, aber sie liest gern und schreibt anschauliche Briefe. Der Gardekapitän setzt seinen unwiderstehlichen Byronschen Charme ein, und die Schottin, die auf ihrer ersten größeren Reise in Bath Zwischenstation gemacht hat, verliebt sich rettungslos in den blendend aussehenden Mann. Ihre Verwandten sehen die Dinge nüchterner, sie raten entschieden ab von der Heirat mit dem lebenslustigen Leichtfuß. Catherine aber handelt getreu dem Wahlspruch ihrer Familie: («je ne change qu'en mourant» [ich ändere mich nur im Tod]). Sie setzt sich durch und heiratet John am 13. Mai 1785. Das Ehepaar zieht auf das Stammschloß der Gordons, auf Schloß Gight im Tal des Ythan, nördlich von Aberdeen. Auch die Gordons gehören zu den ältesten Adelsgeschlechtern der Insel, aber sie fühlen sich den Byrons im Rang überlegen, weil sie mit dem Stuartkönig Jakob I. verwandt sind.

Marchioness of Carmarthen, die erste Frau von Captain John Byron und Mutter von Byrons Halbschwester Augusta Leigh

Was jedoch heftige Leidenschaftlichkeit angeht, so sind sich die beiden Familien durchaus ebenbürtig. Die Gordons gelten als brutal, jähzornig und kriegerisch. Eines gewaltsamen Todes zu sterben, gehört für die Männer des Clans beinahe zur Familientradition. Alexander Gordon, ein Vorfahre der Familie, wurde im 16. Jahrhundert ermordet, John Gordon wegen Mordes an Lord Moray aufgehängt (1592), im 17. Jahrhundert wurde ein John Gordon ebenfalls gehängt, weil er an der Ermordung Wallensteins beteiligt war, Catherines Großvater, der elfte «Laird», hatte sich im Fluß Ythan ertränkt.

Kurz nach der Heirat zeigt sich, daß die Ehe unter einem unglücklichen Stern steht, der Geldbedarf Johns wird immer größer, die Gläubiger bleiben ihm beständig auf den Fersen. Er macht neue Schulden, man versucht durch Holzverkauf, durch Verschleuderung von Ländereien, durch Verkauf der Fischereirechte ein großes finanzielles Loch durch ein anderes zu

Lord John Byron, the Mad Jack

stopfen. Nach eineinhalb Jahren muß Catherine Gordon, die dreizehnte «Laird», ihr Erbe verkaufen. Ein unaufhaltsamer Abstieg beginnt, das Ehepaar flieht nach England, Byron reist allein nach Frankreich weiter, nicht ohne zuvor von seiner Frau, die ihm keine Bitte abschlagen kann, 700 Pfund erbettelt zu haben, die er auch prompt für dubiose Vergnügungen ausgibt. Catherine folgt ihrem Mann nach einiger Zeit, aber ständiger Geldmangel veranlaßt sie, allein nach London zurückzukehren. Sie nimmt eine bescheidene Wohnung in Holles Street Nr. 16, zwischen Oxford Street und Cavendish Square. In diesem Haus kommt am 22. Januar 1788 George Gordon Byron zur Welt. Das Testament von Catherines Vater hatte gefordert, daß der Erbe der Gordons of Gight diesen Vornamen annehme. Das war allerdings das einzige Erbe, das er von den Gordons bekam. Inzwischen war Kapitän Byron eifrig damit beschäftigt, neue Schulden zu machen, ständig werden Wechsel präsentiert: «Ich

Catherine Byron, geb. Gordon, die Mutter des Dichters.
Gemälde von Thomas Stewardson

kann nicht für mich einstehen.»¹⁷ Catherine bekommt einen ihrer gefürchteten Wutanfälle, sie schreit, zerreißt ihre Kleider und zerschmettert das Geschirr auf dem Boden. Zwei Jahre später zieht sie sich mit ihrem kleinen Sohn nach Aberdeen zurück. Dort trifft sie wieder mit ihrem Mann zusammen, der sich aus Angst vor dem Schuldgefängnis immer wieder verstecken muß. Es kommt zu heftigen Szenen zwischen beiden. Schließlich verschafft sich John noch einmal 300 Pfund von seiner Frau und flieht nach Valenciennes in Frankreich. Dort amüsiert er sich mit einer stattlichen Zahl von Schauspielerinnen und anderen Damen. Voller Stolz berichtet er, er habe ungefähr ein Drittel der Mädchen von Valenciennes «gehabt». Am 2. August 1791 stirbt John Byron ohne einen Sou in der Tasche im Alter von erst 37 Jahren. Als Catherine die Nachricht überbracht wird, schreit sie auf in hemmungslosem Schmerz, daß man ihr Klagen in der ganzen Straße hören kann. Sie hat ihren Mann trotz seiner Schwächen und Laster bis zum Schluß leidenschaftlich geliebt. Der dreijährige Sohn aber wird seinen Vater, den er kaum gekannt hat, nie vergessen: *Graf Sigismund war stolz, doch heiter frei; / Ein Mann des Schwerts ein zechender Kumpan! / Er wußte nichts von Einsamkeit und Büchern / Nie brachte er die Nacht mit Schreiben zu, / Vielmehr mit Festen, froher als der Tag.*[18] Es ist nicht unwahrscheinlich, daß Byrons Vater das Vorbild für die Schilderung von Manfreds Vater gewesen ist. In einem Brief verwahrt sich Byron viele Jahre später gegen einen französischen Aufsatz, der zusammen mit der Übersetzung seiner Werke erschienen war. Dort war von den Lastern und der Brutalität seines Vaters die Rede, die es bewirkt hätten, daß Lady Carmarthen an gebrochenem Herzen gestorben sei. Byron entgegnet darauf: *Weit davon entfernt, «brutal» zu sein, war er nach dem Zeugnis aller, die ihn kannten, ein äußerst liebenswürdiger und fröhlicher Mann, allerdings war er leichtsinnig und ausschweifend...*[19] Als Goethe einmal über diese Ausschweifungen John Byrons mit Eckermann spricht, bemerkt er lakonisch: «Da sey einer einmal ein vernünftiger Sohn.»[20]

Vom Vater Byrons ist nur eine einzige Bemerkung über seinen Sohn überliefert. In einem Brief vom 16. Februar 1791 an seine Schwester Mrs. Leigh heißt es: «Was meinen Sohn betrifft, so freut es mich zu hören, daß es ihm gut geht, aber sein Gang ist unmöglich, er hat einen Klumpfuß.»[21]

Man kann darüber streiten, welcher Einfluß weiterreichend und folgenreicher für das Leben des Dichters war, der Einfluß, der von seinen Familienverhältnissen und seiner Erziehung ausging, oder die Wirkung, die der Umstand auf den jungen Byron ausübte, daß sein Fuß verkrüppelt war. Als seine Mutter feststellen muß, daß der rechte Fuß des Kindes kürzer und nach innen gedreht ist, tut sie alles, um das Übel durch Londoner Spezialisten kurieren zu lassen. Schmerzhafte Verfahren werden angewandt, die den Fuß nach außen drehen sollen, aber auch hölzerne Apparate und orthopädische Schuhe bringen keine entscheidende Besserung. Er ist sein ganzes Leben lang niemals frei von Schmerzen. Als junger Mann gewöhnt er sich eine eigentümlich gleitende Gangart an, die sein Leiden, so gut es geht, verbergen soll. Trotzdem ist es jedesmal eine Tortur für ihn, wenn er einen Saal voller Menschen, die ihm entgegenstarren, betreten muß. Auch beim Tanzen muß er zusehen. Dabei hat Byron einen ausgeprägten Bewegungsdrang. Als Ausgleich wählt er Sportarten, bei denen sein verkrüppelter Fuß nicht hinderlich ist. Schon als Junge ist er ein ausgezeichneter Schwimmer, er nimmt Boxunterricht bei einem gewissen Mr. Jackson, einem *Professor des Pugilismus,* wie er ihn ironisch nennt, er hält sich auf seine Fechtkünste viel zugute und ist ein Mei-

Byrons Geburtshaus in London, 16, Holles Street

ster im Pistolenschießen. Byron ist auch ein guter Reiter; in späteren Jahren versäumt er es fast nie, sich durch regelmäßige Ausritte Bewegung zu verschaffen, selbst nach Griechenland nimmt er einige Pferde mit.

Der Stachel sitzt tief, seine körperliche Mißbildung empfindet er nicht nur als eine Beeinträchtigung seiner Bewegungsfreiheit, sondern als große seelische Belastung und Störung seines Selbstwertgefühls. Während seines Aufenthalts in Southwell besucht ihn einmal der Pfarrer des Orts, John T. Becher. Byron ist an diesem Tag besonders niedergeschlagen. Der Pfarrer will ihn aufmuntern und sagt dem Jungen, sein Geist hebe ihn weit über den Rest der Menschheit hinaus. Darauf gibt Byron die bezeichnende Antwort: *Falls mich dieses* (zeigt auf seine Stirn) *über den Rest der Menschheit hinaushebt, so gibt mir jenes* (er zeigt auf seinen Fuß) *einen Platz sehr sehr tief unter den Menschen.*[22] Seinen lahmen Fuß haßt er geradezu, in wilden und bitteren Ausdrücken spricht er über sein Gebrechen, manchmal erwägt er sogar, sich dieses *schmähliche Glied* amputieren zu lassen, aber er befürchtet, dann nicht mehr schwimmen zu können.[23] In wahnwitziger Übertreibung vergleicht er sich mit dem bösen verkrüppelten Richard III. in Shakespeares Drama, wobei er auf Anna anspielt, die den mißgestalteten Richard trotzdem für einen *wunderhübschen Mann* hält.[24] Fünf Tage vor seinem Tod in Griechenland sagt er zu seinem Arzt, Dr. Millingen: *So lange ich lebe, erlaube ich nicht, daß jemand meinen lahmen Fuß sieht.*[25]

Für den Dichter hat sein angeborenes Leiden nicht nur physische und psychische, sondern geradezu metaphysische Dimensionen. Lady Milbanke berichtet über eine Äußerung ihres Mannes, er wolle sich am Himmel rächen für diese Schmach, am Jüngsten Tag wolle er für dieses Leiden einen Ausgleich.[26] Zeit seines Lebens wird Byron Sympathie empfinden für die Sache der Empörer. Seine Leitfigur ist Prometheus, der sich gegen die Götter auflehnte, um den Menschen das Feuer zu bringen; er fühlt mit Kain, der die göttliche Ordnung in Frage stellt: *Kann etwas schmerzen außer: Mensch zu sein?*[27], der auf die Kraft seines eigenen Geistes vertraut, nach bedingungsloser Erkenntnis strebt und sich weder Gott noch Luzifer unterwirft: *Ich beug mich keinem.*[28]

Daß nicht einmal seine eigene Mutter genügend Verständnis für die besonderen Probleme ihres lahmen Kindes aufbringt, schmerzt Byron besonders. Er gibt ihr sogar die Schuld an seiner Verkrüppelung. Das ist sicher ungerecht. Aber Catherine zeigt wenig Einfühlungsvermögen. Vor allem dann, wenn sie ihre maßlosen Wutausbrüche hat, läßt sie sich zu Äußerungen hinreißen, die ihren Sohn im Innersten verwunden und die er zeitlebens nicht vergessen kann. Sie nennt ihn «lahmes Balg» und verhöhnt ihn. Wenige Tage vor seinem Aufbruch zur Orientreise, so erzählt Byron, habe sie ihn in besinnungsloser Wut verflucht. Sie gibt ihm den frommen Wunsch mit auf den Weg, daß der Geist ihres Sohnes genauso verkrüppelt sein möge wie es sein Körper jetzt schon sei.[29] Byron neigte zu Übertreibungen, man wird diese Äußerungen mit Vorsicht beurteilen müssen, zumal der Sohn auch manches tat, um seiner Mutter das Leben schwerzumachen. Das Verhältnis zwischen diesen beiden doch sehr verschiedenen Menschen ist gespannt. Der vaterlose Junge lehnt sich auf gegen jede Autorität. Zwar ist er genauso heftig und leidenschaftlich wie seine Mutter, dabei aber sehr empfindsam und innerlich einsam. Ohne Zweifel hat Catherine trotz ihrer groben Beschimpfungen den jungen George sehr geliebt, aber ihre Erziehung besteht aus der Verabreichung von emotionalen Wechselduschen, sie ist maßlos in ihrer Zuneigung und in ihrer Ablehnung, Nachgiebigkeit folgt auf Härte, Lob schlägt um in heftigen Tadel, die gleichmäßige Wärme des Gefühls fehlt. Dabei ist sie aber in selbstloser Weise bemüht, für ihr lahmes Kind alles zu tun, was ihr finanziell möglich ist.

Im Alter von fünf Jahren wird George in eine Schule geschickt, die

Aberdeen, wo Byron mit seiner Mutter zwischen 1789 und 1798 lebte. Radierung von W. Finden

einen gewissen Mr. John Bowers gehört. Sie liegt in einer engen Gasse, in der Nähe der Wohnung in der Broad Street 64 in Aberdeen. Zwei Jahre später wird er in die Grammar School aufgenommen. Die Schule ist uralt, ein einstöckiges graues Gebäude für 150 Schüler. Das wichtigste Schulfach ist Latein, das nach der traditionellen Paukmethode gelehrt wird. Das kann dem regsamen Geist des jungen George nicht genügen, und so liest er außerhalb der Schule alles, was ihm in die Hände fällt. Besonders interessieren ihn Bücher mit historischem Hintergrund, er verschlingt Reiseberichte und Geschichtswerke über arabische und türkische Länder.[30] Seine Phantasie wird auch von den Geschichten des Alten Testaments gefangengenommen, so beschäftigt er sich intensiv mit der Erzählung von Kain und Abel.

Es ist eine bestimmte Art von Frömmigkeit, die in der Schule und zu Hause gelehrt wird. Die meisten Schotten sind Mitglieder der presbyterianischen Kirche, man lehrt und lebt das Christentum nach der strengen Lehre Calvins. Gott hat nach seinem heiligen Willen vorherbestimmt, was aus jedem einzelnen Menschen werden soll. Nicht alle haben die gleiche Bestimmung, sondern dem einen ist das ewige Leben, dem anderen die ewige Verdammnis bestimmt. Sichere Zeichen des Erwähltseins gibt es nicht. Dem einzelnen Christen bleibt nur, sich mit Zittern und Zagen seines Heils zu versichern, indem er versucht, beständig gegen die Sünde zu kämpfen und durch gesteigerte Pflichterfüllung die Welt zur Ehre Gottes zu verändern.

Dem jungen Byron macht es große Schwierigkeiten, «gegen die Sünde zu kämpfen», denn er ist frühreif und von einer außerordentlichen erotischen Empfänglichkeit. Als er acht Jahre alt ist, trifft er seine Kusine Mary Duff. Viele Jahre später vertraut er seinem Tagebuch an: *Ich habe letzthin viel an Mary Duff gedacht. Wie sonderbar, daß ich so zärtlich, so ergeben an diesem Mädchen gehangen habe, in einem Alter, in dem ich die Leidenschaft weder empfinden, noch die Bedeutung des Wortes verstehen konnte... Wie zum Teufel ist das alles so früh gekommen? Wo kam es her? Ich hatte sicher keine sexuellen Vorstellungen, noch auf Jahre hinaus nicht; und doch war mein Elend, meine Liebe zu diesem Mädchen so heftig, daß ich manchmal bezweifle, ob ich seither wirklich jemand zugetan war...*[31]
Als dieses Mädchen dann nach einigen Jahren heiratet, ist Byron ganz außer sich. Es ist für ihn *wie ein Donnerschlag*, so stark war noch nach vielen Jahren seine gefühlsmäßige Bindung an diese kindliche «Geliebte». Ein anderes Erlebnis sollte noch viel tiefere Spuren in der Seele des Jungen zurücklassen. Ein schottisches Kindermädchen namens May Gray traktiert ihn nicht nur mit Bibelsprüchen, sondern auch mit Prügel,

Byron als Siebenjähriger. Radierung von W. Finden

*Lady Melbourne, die Schwiegermutter von Caroline Lamb.
Radierung nach einem Gemälde von John Hoppner*

bringt zweifelhafte Kumpane ins Haus und scheut nicht davor zurück, sich manchmal in der Nacht neben den Jungen zu legen und ihre sexuellen Spiele mit ihm zu treiben. *Meine Leidenschaften wurden sehr früh geweckt – so früh, daß nur wenige mir glauben würden, wenn ich gezwungen wäre, den Zeitpunkt und die Umstände anzugeben*, schreibt Byron als Dreiundzwanzigjähriger.[32] Diese frühen erotischen Verwirrungen und Verstörungen haben sicher ihren Teil dazu beigetragen, daß Byron, der umschwärmte und angebetete Liebling der Frauen, ein sehr kompliziertes und widersprüchliches Verhalten in seinen Liebesbeziehungen zeigt. *Die schönen Tiere* liebt er als Objekte seiner ungehemmten Sexualität, er verehrt die ideale Geliebte als Muster reiner Menschlichkeit; das heißt, in einer Art Instinktunsicherheit trennt er bei seinen Liebesbeziehungen häufig zwischen Sex und Eros, und es fällt ihm schwer, seine Verachtung für die Frauen im allgemeinen zu unterdrücken. So schreibt er seiner Freundin und Vertrauten, der viel älteren und lebenserfahrenen Lady Melbourne ebenso ehrlich wie ungalant: *Ich habe keine sehr hohe Meinung von ihrem Geschlecht...*[33], und ein andermal behauptet er apodiktisch, er halte nicht viel von Vertreterinnen des schönen Geschlechts... *weil sie im allgemeinen ihrer Veranlagung nach langweilig sind.*[34] Zu der Gruppe der faszinierenden Idealgeschöpfe gehört aber seine Cousine Margaret Parker, *eines der schönsten aller vergänglichen Wesen.* Für sie empfindet der zwölfjährige Junge eine heftige Leidenschaft. Der Ausdruck seiner frühen Liebe sind die Verse, die Byron nach eigenen Angaben auf die Angebetete verfaßt hat. Es war *mein erster Sprung in die Poesie*[35]. *Die Verse habe ich längst vergessen, aber sie zu vergessen, wird mir schwerfallen...* Einige Zeit danach versucht sich der Junge sogar in einer Elegie, doch selbstkritisch bemerkt Byron, *einer sehr flauen...*[36]

Während dieser Zeit lebt der junge George mit seiner Mutter zusammen in recht bescheidenen Verhältnissen in Aberdeen. Das phantasievolle Kind empfängt starke Eindrücke von den Bergen und Mooren und von der Heidelandschaft mit ihren Seen; die alte Brücke von Balgounie in Aberdeen wird er nie vergessen. Er liebt das Blau des Hochlands und den Schneegipfel des «Morven» und noch viele Jahre später denkt er an den malerisch gelegenen Loch na Garr und seine klaren Fluten mit Wehmut. Das Herz des Jungen hängt an seiner schottischen Heimat, Byron fühlt sich *halb schottisch von Geburt, schottisch erzogen, / So ist das Herz dem Kopfe nachgeflogen.*[37]

George besucht weiterhin die Grammar School von Aberdeen. Eines Morgens geschieht etwas Ungewöhnliches. Vor seinen versammelten Klassenkameraden ruft der Lehrer den Jungen in feierlicher Weise auf: «Dominus de Byron.» Allgemeines Aufsehen, die Mitschüler starren auf George, der in äußerste Verlegenheit und Verwirrung gerät, niemand spricht. Byron ist zu aufgeregt, um die vorgeschriebene Antwort «adsum» (hier) zu geben und bricht in Tränen aus. Der Rektor schickt nach ihm, lädt ihn ehrerbietig ein zu Kuchen und Wein und eröffnet ihm umständlich, daß sein Großonkel gestorben sei. Der böse Lord, der alte Menschenquäler, hatte nach mehrwöchiger Krankheit unwillig seinen Geist aufgegeben. Damit erbt George Titel und Familienbesitz der Byrons. Als sechster Lord Byron, Baron von Rochdale, ist er Peer des Königreichs, Mitglied des englischen Hochadels. Der Respekt, den ihm seine Lehrer entgegenbringen, verschafft dem jungen Lord sofort das stolze Bewußtsein seiner neuen Würde, und auch seine Mutter genießt die Rangerhöhung ihres Sohnes in vollen Zügen. Doch dieser Genuß ist beeinträchtigt, die Vermögensverhältnisse sind verworren. Newstead Abbey ist völlig heruntergewirtschaftet. Ein geschickter Anwalt, John Hanson, der bald zu einem treuen und tüchtigen Freund der Familie wird, soll die Inter-

Der Schüler Byron auf dem Friedhof von Harrow. Radierung von E. Finden

essen des jungen Lords vertreten. Ein Vormund, Lord Carlisle, ein entfernter Verwandter, wird bestellt, eine standesgemäße Schule muß für den Jungen gefunden werden. Man einigt sich auf Harrow.

Harrow-on-the-Hill war zu Beginn des 19. Jahrhunderts ein kleines Dorf, 11 Meilen nordwestlich von London. Auf einem kleinen Hügel über dem Dorf stand die berühmte «Public School», die John Lyon 1571 gegründet hatte. Neben Eton und Winchester war Harrow damals schon eine exklusive Privatschule, die bei der englischen Aristokratie einen guten Namen hatte. Neben einer großen Zahl von jungen Adligen hatte Byron aber auch viele Mitschüler aus bürgerlichen Familien. Der Lehrplan berücksichtigte fast ausschließlich die griechische und römische Antike. Die Schuldisziplin galt als schlecht, obwohl der Direktor, Dr. Drury, allgemeines Ansehen als Wissenschaftler und Pädagoge genoß.

Im April des Jahres 1801 reitet John Hanson mit seinem Schützling den Hügel hinauf. Sie sehen ein hohes, ziemlich unscheinbares Gebäude vor sich, mit kleinen Fenstern und sehr spitzen Giebeln. Eine Mauer trennt das Schulgelände vom Friedhof mit der Kirche St. Mary, die aus dem 14. Jahrhundert stammt. Schüchtern betrachtet der lahme Junge mit dem geschienten Fuß seine zukünftigen Mitschüler, die auf dem Sportplatz herumtoben. Sie tragen die vorgeschriebene Schuluniform: hohe schwarze Hüte mit breiten Krempen, offene Kragen, Fräcke mit Schwalbenschwänzen und enganliegende Hosen. Zuerst haßt er die Schule, er wird

Der junge Byron in schottischer Tracht

Mary Chaworth. Miniatur

gehänselt, die Mischung aus Scheu und Stolz, die er zur Schau trägt, isoliert ihn von den anderen. Schließlich verschafft er sich mit den Fäusten Respekt, Prügeleien waren in Harrow nichts Ungewöhnliches. Schützend stellt sich Byron vor jüngere Schüler, die von den älteren nach alter Schultradition tyrannisiert werden. Trotz seiner Behinderung versucht er, so gut es geht, an den sportlichen Wettkämpfen teilzunehmen. Langsam findet er bei seinen Kameraden Anerkennung und gewinnt Freunde. Edward Noel Long, William Harness, vor allem aber George Delawarr stehen ihm nahe. In seinem ersten Lyrikband, der gleichzeitig eine Art intimes Tagebuch ist, hat Byron Gedichte über die Freundschaft und die Freunde von *Ida* (Harrow) veröffentlicht. Der junge George muß ohne

Vater und ohne Geschwister aufwachsen, seine Mutter versteht ihn nicht, und sein Vormund hat zu ihm ein eher distanziertes Verhältnis. Harrow ist für ihn ein Ort der Geborgenheit, dort unter den Freunden fühlt er sich zu Hause. Um die Freundschaft, die er als «Liebe ohne Flügel» empfindet, kreisen seine Gedanken und Gefühle. In seinen Gedichten aus dieser Zeit, die allesamt keinen besonderen poetischen Rang beanspruchen können, wird beständig das Grundmotiv variiert: *O wie glücklich war ich dort!*[38] Allerdings trifft dies nur auf die letzten eineinhalb Jahre seines Aufenthalts zu, nachdem er zu Dr. Drury ein gutes Verhältnis gewonnen hatte. Dieser nennt den jungen Byron einmal «Bergfohlen», das er an einer «seidenen Schnur» führen wolle.[39] Das Bergfohlen wehrt sich heftig gegen das übliche Zaumzeug, der Unterricht, *die dumpfe Fron der Schule* vergällt ihm die Freude an den klassischen Dichtern. *Ich liebe nichts, was daran mahnen muß.*[40]

Weil er aus Übermut ein Fenstergitter herausreißt, wird er von seinem Lehrer getadelt, was sein empfindliches Ehrgefühl kaum verkraften kann. Um so mehr genießt er das hohe Lob, das ihm zuteil wird bei den damals in Harrow beliebten rhetorischen Übungen. Mit Leidenschaft und großem Einfühlungsvermögen deklamiert der Junge Verse aus Youngs Tragödie «Die Rache» oder die Sturmszene aus «König Lear». Seine Lehrer bestätigen ihm ein ausgeprägtes rhetorisches Talent.

Als Rev. Dr. Drury, ... *der beste und würdigste Freund, den ich jemals besessen habe* ...[41], im Jahre 1805 pensioniert wird, entsteht ein Streit über die Nachfolge. Die Schüler ergreifen Partei, Byron attackiert den neuen Direktor in einem aggressiven Gedicht, attestiert ihm beschränktes Hirn, ein enges Herz, Dünkelhaftigkeit und Pedanterie.[42] Es kommt zu einer Schülerrevolte, die aufgebrachten Zöglinge wollen das Schulgebäude anzünden. Nur durch den Hinweis, daß dann auch die in Harrow angebrachten Wappen ihrer Ahnen zerstört würden, gelingt es Byron, seine Schulkameraden vom Äußersten zurückzuhalten.

In den Ferien besucht er seine Mutter, die in Southwell ein kleines, hübsches Haus gemietet hat. Aber er denkt voller Abneigung an das Zusammensein mit ihr; das vertraut er seiner Halbschwester Augusta an, mit der er seit dem Jahre 1804 gelegentlich Briefe wechselt: *Meine Mutter hat sich in der letzten Zeit mir gegenüber in so exzentrischer Weise betragen, daß ich – weit davon, die Liebe eines Sohnes zu empfinden – nur mit Mühe meine Abneigung zurückhalten kann. Nicht, daß ich mich über Mangel an Freigebigkeit beklagen könnte ... Aber bei alledem ist sie so hastig, so ungeduldig, daß ich das Herannahen der Ferien mehr fürchte als die meisten Jungen ihre Rückkehr davon. In früheren Jahren hat sie mich verwöhnt, nun ist sie ins Gegenteil verkehrt; beim geringfügigsten Anlaß schilt sie mich in der heftigsten Weise aus ...*[43] Deswegen zieht es ihn viel stärker nach Newstead Abbey, oder genauer gesagt, nach dem benachbarten Annesley Hall. Dort wohnt seine Cousine Mary Chaworth, ein auffallend

Jugendbildnis, Gemälde von Thomas Lawrence

hübsches Mädchen mit großen Augen. Sie ist zwei Jahre älter als George und bereits verlobt mit einem Mr. Musters, einem eleganten jungen Landedelmann, dessen Hauptinteresse der Fuchsjagd gilt. In einem Brief an seine Halbschwester hatte Byron altklug erklärt, daß er von der Liebe gar nichts halte, sie sei *der größte Unsinn, ein bloßer Jargon von Komplimenten, Schwärmerei und Betrug.* Wenn er fünfzig Geliebte hätte, so fährt er großspurig fort, *würde ich sie in zwei Wochen alle vergessen*...[44] Nun wendet sich das Blatt, der schüchterne fünfzehnjährige Junge, linkisch und etwas dicklich, verliebt sich rettungslos in Mary Chaworth. Wenn wir den Gedichten glauben dürfen, die sich auf diese Zeit beziehen, so war sie für ihn das Idealbild der einzigen Geliebten, ein Ideal, das ihn durch sein ganzes Leben begleitet hat.

Über zehn Jahre später, im Juli 1816, schreibt Byron sein großes Gedicht *Der Traum*. Es ist ein weitgespannter lyrischer Text, reich instrumentiert, souverän in der Tonart und bedeutend in seiner unverwechselbaren Gestalt; Lebensrückblick und Rechenschaft zugleich. Im ersten Teil wird die Psychologie des Traums dargestellt, in den folgenden Abschnitten erinnert sich der Autor an seine gescheiterte Ehe mit Lady Milbanke, dann werden glückliche Stunden während seiner Orientreise lebendig, eine Mittagsrast an einem Brunnen zwischen Smyrna und Ephesus taucht in seiner Vorstellung auf, aber Verzweiflung und Trauer behalten das letzte Wort. Eingebettet in den großen Lebenstraum sind die Szenen einer unglücklichen Liebe: Der junge Byron trifft Mary Chaworth im Park von Annesley Hall ... *er hatte aufgehört zu leben in sich selbst – sie war sein Leben.*[45] Das zentrale Motiv *Ein Wechsel kam in meines Traums Erscheinung* wird wieder aufgenommen, die Atmosphäre des Gedichts ist bestimmt von der Fremdheit und Rätselhaftigkeit des Traums, von irrationalen Sprüngen und Verschiebungen, von visionärer Schau und suggestiven Bildern, in denen der Dichter sein verlorenes Glück beklagt.

Byron hatte damals gehofft, Mary Chaworth werde ihn heiraten. Sie hatte ihm ihr Bild geschenkt, aber sie betrachtet den linkischen Schuljungen eher wie einen jüngeren Bruder. Seine beharrliche Liebe wird ihr allmählich lästig. Eines Abends hört der junge Byron zufällig, wie Mary zu ihrer Zofe sagt: «Was, ich soll mir etwas aus dem lahmen Jungen machen?» Im Innersten getroffen stürzt er hinaus und humpelt ohne ein Wort des Abschieds durch die Nacht nach Newstead Abbey zurück. Mary Chaworth heiratet John Musters und wird unglücklich, die Ehe scheitert. Sie wird sich später an Byron erinnern, doch der lehnt es ab, sich mit seiner Jugendliebe noch einmal zu treffen. Wollte er sein Ideal nicht von der Wirklichkeit in Frage stellen lassen? Konnte er ihr diese Heirat nicht verzeihen? *Eine Heirat*, so sagt er später, *für die sie die Aussichten zweier sehr alter Familien geopfert hat und ein Herz, das vom zehnten Jahr an ihr gehörte, und einen Kopf, der seither nie mehr ganz richtig gewesen ist.*[46]

Damals war Newstead Abbey vermietet an einen jungen Adligen, Lord Grey de Ruthyn. Er war acht Jahre älter als Byron, verwöhnt, hochfahrend, ein begeisterter Jäger. Er lädt Byron ein, die Ferien mit ihm zu verbringen. Gemeinsam geht man auf Fasanenjagd. Bald sind die beiden miteinander befreundet, aber eines Tages schlägt Byrons Sympathie für den älteren Freund scheinbar grundlos in heftigen Widerwillen um. Er schreibt an Augusta: *Sie* (die Mutter) *verlangt von mir, ich solle die Gründe für meine Abneigung erklären, was ich niemals tun werde ... er ist der unsympathischste Mensch (meiner Meinung nach), der existiert. Er be-*

*John Cam Hobhouse, der spätere Lord Broughton.
Radierung nach einem Gemälde von John Lonsdale*

suchte mich einmal, während meiner letzten Ferien; sie (die Mutter) *drohte, stürmte, flehte mich an, es gut sein zu lassen, «er selber liebte mich und wünschte es», aber mein Grund war so ausgezeichnet – daß keines davon Erfolg hatte, auch wollte ich weder mit ihm sprechen, noch mit ihm im selben Zimmer bleiben, bis er sich verabschiedete. Zweifellos erscheint das sonderbar, aber wenn mein Grund bekannt wäre, was er nie sein wird, wenn ich es verhindern kann, wäre mein Benehmen gerechtfertigt.*[47] Diese dunklen Andeutungen werden erst dann verständlich, wenn man weiß, daß Byrons Freund John C. Hobhouse die Beziehung zwischen beiden jungen Männern in einem besonderen Licht sah: «Ein Vorfall ereignete sich während dieses vertrauten Umgangs, der sicher große Auswirkungen auf seine künftige Moral hatte.»[48] Es scheint, daß die naive Bemerkung von Byrons Mutter («er selber liebte mich») in einem ganz bestimmten Sinn der Wahrheit entsprach: Der junge Byron entschloß sich aus Gründen, die wir nicht kennen, die homosexuelle Beziehung zu Lord Grey de Ruthyn abzubrechen. Aber ebenso wie das Erlebnis mit May Gray sollte diese Beziehung dem Leben Byrons eine bestimmte Richtung geben. Seine Bisexualität gründete sich sicher zum Teil auf diese den Jungen innerlich verstörenden Erlebnisse.

Stunden der Muße

Im Jahre 1805 verläßt Byron die Schule. Obwohl er schon siebzehn ist, fällt ihm der Abschied schwer, und er zählt die Tage, die er noch bleiben darf. Er ist sehr niedergeschlagen, weil er spürt, daß die Zeit der Kindheit endgültig vorüber ist. *Von diesem Moment fing ich an, alt zu werden in meiner eigenen Schätzung, und in meiner Schätzung ist Alter nicht schätzenswert.*[49] Jahre später wird der fünfundzwanzigjährige Byron von seiner Kindheit sagen: *Mir angemessen einzig und allein.*[50] Er beklagt, daß er es versäumt habe, sich rechtzeitig von der Welt zurückzuziehen, fliehen möchte er vor falschem Ehrgeiz und quälenden Leidenschaften, er hat das Gefühl, sich selbst überlebt zu haben. Immer wieder zeigt sich bei ihm ein merkwürdig gebrochenes Verhältnis zur Zeit. Er empfindet deutlich, daß er sich mit fortschreitenden Jahren immer weiter vom erträumten Glückszustand entfernt. Dies ist eine der Ursachen für den Byronschen Weltschmerz, für das Gefühl, das aus seinen Werken und aus seinen Briefen spricht, daß die Welt wie in einem Spiegel beständig den eigenen Schmerz zurückwirft, daß Elend, Kampf, Kummer und Verzweiflung seine ständigen Begleiter sein werden auf seiner Lebensreise, nachdem er aus dem Paradies der Kindheit vertrieben ist.

Doch im Augenblick plagen ihn andere Sorgen. Er soll an der Universität Cambridge studieren, und es gilt nun, sich als Edelmann entsprechend einzuführen. Selbstverständlich wird von den in Cambridge studierenden jungen Aristokraten nicht erwartet, daß sie eifrig und regelmäßig Vorlesungen hören. Im allgemeinen legen sie auch keine Examina ab. Wenn sie das Gefühl haben, genügend Zeit geopfert zu haben, kann ihnen die Universität die Verleihung eines akademischen Grades nicht verweigern, falls dies gewünscht wird. Wir erfahren so gut wie nichts über die wissenschaftlichen Interessen Byrons; er scheint sich auch nicht für eine der akademischen Disziplinen besonders erwärmt zu haben. Dafür berichtet er uns, daß er in seiner Staatsrobe mit Goldstickereien, die ihn als Aristokraten von den bürgerlichen Studenten unterschied, einen *superben* Eindruck gemacht habe. Im Trinity College läßt er sich geschmackvolle Räume einrichten, und da es die Universitätsordnung verbietet, Hunde mitzubringen, erscheint er mit einem zahmen Bären an der Leine, der zum Vergnügen der Studenten einmal einen zu Tode erschrockenen Professor

*Byron mit einer goldbestickten Robe als Student in Cambridge.
Radierung von F. W. Hunt*

John Hanson, Byrons Vermögensverwalter

umarmt. Daraufhin läßt sich Byron allerdings überreden, «Bruin» nach Newstead zurückzuschicken. Im übrigen sind die meisten Kommilitonen *einfältig*, sie haben *rohe Sitten*, lehnen moderne Kunst ab, sind selbstsüchtig und bigott und *für Freundschaft tot*.[51] Dieser Ort hier *ist schlimm genug – ein schändliches Durcheinander von Getöse und Trunkenheit, nichts als Hasard und Burgunder, Jagd, Mathematik und Newmarket, Aufruhr und Rennen ... O das Elend, nichts anderes zu tun zu haben, als verliebte Augen und Verse zu machen.*[52] Einige Freunde aus Harrow sind zwar mit Byron nach Cambridge gegangen, aber von ihnen hören wir nicht viel. Da lernt George den jungen Edleston kennen, er ist kein Universitätsangehöriger, sondern Chorknabe, zwei Jahre jünger als Byron. *Er hat fast meine Größe, ist sehr mager, hat eine weiße Haut, dunkle Augen und helle Locken.*[53] Bis zum Jahre 1807 sind die beiden Freunde täglich in Cambridge zusammen, Byron protegiert den Jüngeren in jeder Weise. Mit einem seiner allerdings nicht ganz seltenen Superlative sagt er von Edleston: *Ich liebe ihn sicher mehr als jedes andere menschliche Wesen.*[54] Es gibt zwischen beiden keine *verdrießlichen Augenblicke* und nur widerstrebend pflegen sie sich zu trennen. In seinen Versen *Pignus Amoris* (Unterpfand der Liebe) brachte Byron zum Ausdruck, wieviel ihm diese Freundschaft bedeutete. Daß er dieses Gedicht zu Lebzeiten nicht veröffentlichte, wird verständlicher, wenn man weiß, daß auch die *Thyrza* – Lieder, von denen

Byron selbst behauptete, sie seien an eine geheimnisvolle Geliebte gerichtet – das Andenken des *Karneols* beschwören.[55] Edleston hatte seinem «Patron» ein Karneolherz geschenkt, das der Dichter zeitlebens mit sich führte, und das auch in seiner Lyrik bedeutungsvoll wird. Auch als John Edleston eine kaufmännische Lehre in einem Handelshaus in London antritt, besteht die intensive persönliche Bindung weiter, weder Zeit noch Entfernung können sie beeinträchtigen. Als Byron erfährt, daß sein Freund am 11. Mai 1811 ganz plötzlich an der Schwindsucht gestorben ist, faßt ihn ein Gefühl der Verzweiflung. *Es scheint, daß ich in meiner Jugend das größte Elend des Alters erfahren soll. Meine Freunde fallen um mich, und ich muß als einsamer Baum zurückbleiben, längst bevor ich verdorrt bin. Andere Männer können immer bei ihren Familien Zuflucht nehmen; aber ich habe keine Hilfe außer meinen eigenen Gedanken* ...[56]

Es ist nicht unwahrscheinlich, daß Edleston von seinem Gönner auch finanziell großzügig unterstützt wurde. Das ist sicher einer der Gründe, weshalb er in Cambridge trotz eines Studiengeldes von 500 Pfund jährlich in Geldschwierigkeiten gerät. Ein anderer, gewichtigerer Grund ist die standesgemäße Lebensweise, die er seiner Stellung als Lord schuldig zu sein glaubt. Er bewohnt geräumige Zimmer in der Südwestecke des «Great Court of Trinity», er hat Diener und Pferde, und mit einem Eifer, der seinen Studien abgeht, nimmt er teil an den Vergnügungen, die für einen jungen Aristokraten als passend angesehen werden: Saufen, Hasard und Huren. *Seit ich Harrow verlassen habe, bin ich faul und eingebildet geworden durch das Verseschmieden und Frauen den Hof machen.*[57] Wie sein Vater bringt er es in der Kunst des raschen Geldausgebens zu früher Meisterschaft. Da *die Schnecke Hanson*, der Vermögensberater der Familie, das notwendige Geld weder so schnell herbeizaubern kann noch will, leiht er bei *Blutsaugern* zu einem Wucherzins von 100 Prozent. Fast sein ganzes Leben hindurch wird er mehr ausgeben als er eingenommen hat. Erst mit dem Verkauf des Familiengutes Newstead Abbey wird er finanziell unabhängig und erstaunlicherweise auch sparsam werden. Aber das wird noch lange dauern. Inzwischen hat er sich für seine Mutter eine Überraschung ausgedacht. Eines Tages hält vor ihrer gemieteten Wohnung «Burgage Manor» in Southwell eine elegante Kutsche. Auf dem Schlag ist das Byron-Wappen mit Schildhaltern und Meerjungfrau angebracht. Auf dem Bock sitzt der Diener Frank, ein Reitknecht folgt mit den beiden Pferden Brighton und Sultan. Als Seine Lordschaft höchstselbst der prächtigen Kutsche entsteigt, gerät Catherine außer sich über ihren verschwenderischen Sohn, der mit dem Geld, das er nicht besitzt, Dinge kauft, die er nicht braucht. Schließlich hat Mrs. Byron durch königliche Gnade gerade erst 300 Pfund Unterhaltszuschuß von der königlichen Zivilliste erhalten.

Angeblich, weil er die Studiengebühren nicht bezahlen kann, hält sich Byron wochenlang in London auf. In Wirklichkeit genießt er dort die

Gesellschaft blauäugiger Carolinen und Coras, pokuliert in lustiger Gesellschaft und macht sich anschließend durch Boxen und Fechten wieder körperlich fit. Als seine Schulden immer größer werden, entschließt er sich, nach Southwell zu reisen, wo er mit der Familie Pigot, vor allem mit Elizabeth Pigot, gut befreundet ist. Im Haus der Pigots befaßt er sich mit seinen damaligen Lieblingsdichtern Thomas Moore und Camões, und bald wird bekannt, daß er an eigenen Gedichten arbeitet. Schon während seiner Schulzeit in Harrow waren Gedichte entstanden, auch in Cambridge war das eine oder andere Gedicht dazugekommen. Schließlich erscheint im Jahre 1806 Byrons erster Lyrikband anonym als Privatdruck unter dem Titel *Flüchtige Stücke* (Fugitive Pieces). Schon ein Jahr später läßt er, ebenfalls anonym, eine revidierte und erweiterte Fassung wiederum bei S. und J. Ridge in Newark drucken, die den Titel trägt: *Gedichte zu verschiedenen Anlässen* (Poems on Various Occasions). Im Juni 1807 wird eine neue, noch einmal erweiterte Fassung veröffentlicht. Auf dem Titelblatt steht *Stunden der Muße* (Hours of Idleness); die zweite Auflage dieser Gedichtsammlung erscheint im folgenden Jahr als *Originalgedichte und Übersetzungen* (Poems Original and Translated). Diese letzte und endgültige Fassung seiner Jugendgedichte hat Byron mit seinem Namen versehen und hinzugesetzt *Ein Minderjähriger*. Auch Alexander Pope, der große klassizistische Dichter, hat bei der Herausgabe seiner Erstlingsgedichte auf seine Minderjährigkeit hingewiesen; schon bei diesen äußerlichen Dingen verweist der junge Dichter auf sein bewundertes Vorbild. Pope schrieb ein Lobgedicht auf seinen Hund «Bean», Byron preist seinen «Boatswain». Der Altmeister verfaßte das berühmte «Deistengebet» (Samuel Johnson) mit dem Titel «Gebet für Alle» (Universal Prayer), sein Schüler fleht in seinem *Naturgebet* (Prayer of Nature) zum Vater des Lichts um die Erkenntnis der Wahrheit. Und noch andere Einflüsse sind spürbar: Ossians sentimentale Gefühlsergüsse werden nachgedichtet (*Der Tod Calmars und Orlas*), und Schillers «Geisterseher» hinterläßt seine Spuren in dem 79 Strophen langen Gedicht *Oscar und Alva*. Daneben stehen Verse in der Tradition der Anakreontik, Liebe, Freundschaft, Wein werden besungen und idyllische Naturszenen beschworen, das Auge der Geliebten erinnert den Dichter an einen Stern, und das lyrische Ich schlägt sogar einmal einer jungen Dame eine verhältnismäßig weitgehende «Sühne» für eine kleine Ungeschicklichkeit vor: *Sei Tod es – was du nur befiehlst.*[58]

Byrons frühe Lyrik umfaßt eine ganze Reihe von Gebrauchstexten, juvenil-forcierte, konventionelle, gewandte, charmante, ironisch-witzige oder frivol verspielte Huldigungen an Freunde und Freundinnen, angenehm melancholische Erinnerungen an Personen und Orte, graziöse Galanterien, die ganz offensichtlich für den Tag geschrieben sind. Doch es gibt gewisse Sujets, die den jungen Autor in existentieller Weise betreffen, leitmotivisch wiederkehrende Themen, die durch eine besondere Art der Darstellung geprägt sind. Diese Themen sind die ideale Geliebte –

Byrons Hund «Boatswain». Anonymes Gemälde

Mary Chaworth – , der ideale Freund – John Edleston – , die ideale Lebenszeit – die Kindheit – , die ideale Landschaft – das schottische Hochland. Bei den Gedichten, die um diese Wunschbilder kreisen, erklingt der typische Byron-Ton. Hier zeigt sich, daß er über eine eigene lyrische Sprache verfügt, die Sprachkonventionen und literarischen Einflüsse sind zurückgedrängt. Mit den Mitteln eines fast metaphernlosen, sinnlich-anschaulichen Idioms, mit Anmut und rhetorischem Feuer entwirft Byron Bilder einer poetischen Welt. Mindestens in charakteristischen Ansätzen wird eine Verbindung zu den großen Gedichten des folgenden Jahrzehnts deutlich, Gedichte, die gegenüber der frühen Lyrik einen Zuwachs bringen an Form und Fülle, an verfeinerten dichterischen Mitteln und poetischen Einfällen. Zu diesen großen Gedichten gehören *An die Zeit, Ode an Napoleon, Der Traum*, vor allem aber der Zyklus *Hebräische Melodien* mit den elegisch schönen Versen über das Schicksal der Juden zur Zeit des Alten Testaments, glanzvollen und wohltönenden Versen, die Byron als bedeutenden lyrischen Dichter zeigen.[59]

Ein Ton gedämpfter Schwermut und nobler Resignation ist charakteristisch für viele Gedichte Byrons:

Erinnerung[60]

So ist's! Ich sah's in jedem Traum,
Ein Strahl der Hoffnung blieb mir kaum,
Mein Tag des Glücks versank, da von

Des Unglücks Wintersturm erstarrt
Trüb meines Lebens Morgen ward,
Freud, Hoffnung, Liebe sind entflohn –
O wär es auch Erinnerung schon!

1806

Gleichsam als Gegengewicht gegen diese gefühlvoll-elegischen Klänge finden sich aber sowohl in den frühen Gedichtsammlungen wie auch in der späteren Lyrik witzig pointierte, virtuose Verse, die das satirische Talent des Autors verraten. Schwermut und Witz, Weltschmerz und Freude am geschliffenen, entlarvenden Sprachspiel sind die beiden Pole seiner dichterischen Produktion. Sie zeigen nicht nur in seinem lyrischen Werk den proteischen Charakter des Dichters. Typisch für den zweiten Typus der poetischen Darstellung sind zum Beispiel die Verse mit dem Titel *Grabschrift für John Adams aus Southwell, einen Fuhrmann, der an Trunksucht starb*.[61] Die beiden Haupttätigkeiten eines Fuhrmanns, «laden» und «fahren» sind die Feuersteine, aus denen Byron Funken schlägt:

John Adams aus Southwell liegt hier unterm Grunde,
Ein Fuhrmann, der oft mit dem Glas fuhr zum Munde;
Er fuhr hier so oft und so schnell ein und aus,
Daß er selber zuletzt ward gefahren hinaus.
Des Bieres und des Branntweins zuviel immer lud der,
Drum blieb er auch stecken und ist jetzt ein Luder.

Noch eine andere Parallele zeigt sich zwischen den frühen und späten Gedichten: schon der junge Dichter beherrscht das lyrische Handwerk mit Eleganz und Leichtigkeit. Seine Zeitgenossen sind von der Mühelosigkeit beeindruckt, mit der er seine Einfälle in formvollendete Verse kleiden kann.[62] Von vielen formalen Möglichkeiten macht er Gebrauch. Der Bogen spannt sich vom aggressiven Epigramm zum schlichten vierzeiligen Lied im jambischen oder trochäischen Versmaß, vom strenggebauten Sonett zum reichgegliederten langen Gedicht in freien Rhythmen.

Die ersten Kritiken über Byrons Gedichtband *Stunden der Muße* sind recht wohlwollend, vielleicht nicht zuletzt, weil ein dichtender junger Lord etwas nicht Alltägliches war. Da erscheint Ende Februar 1808 in der angesehenen literarischen Zeitschrift «Edinburgh Review» eine bissige Kritik: «... seine Ergüsse sind so völlig platt, daß sie ebensowenig wie stagnierendes Wasser über oder unter dieses Niveau gelangen können. Als Milderungsgrund für dieses Vergehen befleißigt sich der Verfasser häufiger Hinweise auf seine Minderjährigkeit ... Wir müssen ihm ernstlich nahelegen, daß das bloße Reimen der Endsilben ... nicht die ganze Dichtkunst darstellt. Wir möchten ihn dringend bitten, uns zu glauben,

Alexander Pope, Ölgemälde von William Heare of Barth

daß ein gewisses Maß an Lebhaftigkeit und etwas Phantasie notwendig sind, um ein Gedicht zu machen ...»[63] Die Kritik war anonym erschienen, erst später bekennt sich ein gewisser Lord Brougham als Verfasser des hämischen Pamphlets. Byron heuchelt Gelassenheit, als ihm dieser Artikel vor Augen kommt; allerdings muß er zur Beruhigung mehrere Flaschen Rotwein trinken. Dann sagt er bekümmert, *diese Kritik ... hat das kleine Gebäude meines Ruhms vollständig zertrümmert.*[64] Nach einigen Tagen jedoch hat er sich wieder gefaßt, und er entschließt sich zum Gegenangriff. Nach dem Vorbild von Popes «Dunciade» schreibt er eine Verssatire. Ein Vers Popes wird der Streitschrift vorangestellt: *So schamlos sind die Barden; doch fürwahr, / Noch schlechter ist der Rezensenten Schar.*[65] Die Satire heißt folgerichtig *Englische Barden und schottische Rezensenten*. Byrons Witz ist boshaft und maßlos, eine ungezielte Breitseite feuert er ab gegen die etablierten Literaturgrößen seiner Zeit, die tatsächlich oder angeblich mit der Zeitschrift in Verbindung stehen. Walter Scott wirft er seine *käufliche Muse* vor, Thomas Little (Moore) wird als sittenlos beschimpft. Matthew Gregory Lewis, der Verfasser des damals bekannten Schauerromans «Der Mönch» bekommt den Titel *Apollos Totengräber*, und auch Wordsworth wird als Verherrlicher der Einfalt lächerlich gemacht. Verschont werden nur ausgesprochene Klassizisten wie Rogers, Crabbe, Sheridan, Campbell.

Die freche Satire erregt großes Aufsehen und erlebt bis 1812 fünf Auflagen. Schließlich aber verhindert Byron selbst eine Neuauflage, weil er mit den meisten angegriffenen Literaten, die ihm seine undifferenzierte Kritik der Kritik nicht länger übelnehmen, inzwischen freundschaftlichen Kontakt pflegt.

Vor dem Erscheinen seiner Satire hatte sich Byron entschlossen, wieder nach Cambridge zu gehen, nachdem es ihm gelungen war, zur Bezahlung seiner alten Collegeschulden Geld aufzutreiben. Im Juni 1807 kehrt er zurück und genießt es sehr, daß ihn seine alten Freunde erst nach einiger Zeit wiedererkennen. Sie hatten einen korpulenten jungen Mann in Erinnerung, der bei mittlerer Größe 202 Pfund wog. Durch fanatisches Fasten und heiße Bäder hat er es erreicht, so ephebenhaft schlank zu sein, wie ihn die vielen zeitgenössischen Porträts zeigen. Sein Gesicht ist schmal und gutgeschnitten, seine Haut ist sehr blaß, worauf er stolz ist, er hat braune Locken und auffallend helle Augen. Aus dem dicken Lord ist ein ungewöhnlich gutaussehender junger Mann geworden. Dazu kleidet er sich sorgfältig wie ein Dandy, so wie es Beau Brummell, der große Modediktator, den Herren von Stand befohlen hatte: blendend weiße Krawatte, die keine Falten werfen durfte, Frack mit gelber oder rosenholzfarbener Weste, gesticktes Hemd, hauteng Hosen mit Wespentaille, Uhrketten, Ringe, untadelige Handschuhe, glänzende Stiefel, deren Wichse aus teurem Champagner hergestellt wurde, und nicht zu vergessen das silberbeschlagene Spazierstöckchen aus Weißdornholz als Krönung und Vollendung des modischen Kunstwerks.

Als Autor eines Lyrikbandes findet Byron in Cambridge Zugang zu intellektuellen Kreisen. Er trifft John Cam Hobhouse, dessen unwandelbare Freundschaft ihn sein ganzes Leben begleiten wird. Hobhouse ist der Sohn eines Unterhausabgeordneten aus Bristol. Er besitzt große Kenntnisse auf historischem und politischem Gebiet; seine weitgespannten Interessen umfassen auch die schöne Literatur. Ein kluger, vernünftig denkender Mann ist Hobhouse, kühl und unbestechlich in seinem Urteil, diskret und charakterfest, dabei angenehm im Umgang, witzig und gesellig. Er ist nicht immer ein bequemer, aber ein absolut zuverlässiger Freund, der Byrons Reisebegleiter, Trauzeuge, Testamentsvollstrecker, der unerschütterliche Verteidiger seines guten Namens und seines Nachruhms wird. Zum Cambridger Freundeskreis gehören auch der geistreiche, ausgelassene Charles Skinner Matthews und der gelehrte Tutor Francis Hodgson. Seinen Freunden gegenüber ist Byron von rücksichtsloser Offenheit und pflegt auch heikle Dinge mit ihnen zu besprechen. In ihrem

Kreis ist er keineswegs der elegische Romantiker, für den das Leben eine Last ist, sondern er ist aufgeschlossen und humorvoll. Seine Freunde fasziniert und irritiert er gleichermaßen, denn sein Charme hat etwas Hermaphroditisches; so hat es auch Hobhouse empfunden: «Ein Teil seiner Faszination mag ohne Zweifel seiner vollständigen Selbsthingabe zuzuschreiben sein, der unvorsichtigen, man könnte sagen, gefährlichen Aufrichtigkeit seiner privaten Konversation, aber selbst seine Schwächen waren liebenswürdig; man hat von einem Teil seiner Tugenden gesagt, sie seien femininer Art – so daß die Zuneigung, die man für ihn fühlte, der glich, die man für einen Liebling oder manchmal für eine Schwester empfindet.»[66]

Am 22. Januar 1809 wird Byron volljährig; er hat Cambridge schon vorher verlassen und sich allein oder mit seinen Freunden in London in Theatern oder in weniger respektablen Etablissements amüsiert. Die Mietzeit für Lord Grey de Ruthyn ist abgelaufen, und Byron brennt darauf, sein Familienschloß in Besitz zu nehmen. In mehreren Gedichten hat er den Sitz seiner Ahnen besungen, mit allen Fasern seines Herzens hängt er an Newstead Abbey. Dort empfindet er die Verbundenheit mit seinen ruhmreichen Vorfahren besonders intensiv, und die Zeit der Ritter wird ihm unmittelbar gegenwärtig.

Die Wendung zurück zum Mittelalter, die Wiederbelebung ritterlicher Kultur, die Sammlung der Balladen der ritterlichen Minnesänger war ein bezeichnender Zug der europäischen Romantik. 1765 war Thomas Percys Sammlung altenglischer und altschottischer Balladen erschienen. Walter Scott hatte Lieder der Minnesänger herausgegeben, und der sogenannte «gotische Roman» ließ die Feudalzeit wieder lebendig werden. Der Wortführer dieser Bewegung, Horace Walpole, hatte 1764 den Roman «Das Schloß von Otranto» geschrieben. Bezeichnend für die romantischen Neigungen dieser Generation war es, daß sowohl Walpole als auch Scott ihren Besitztümern das Aussehen mittelalterlicher Burgen gaben. Hinzu kommt, daß für einen Aristokraten Landbesitz unerläßlich war. Nur durch die Zinsen und Renten aus Landbesitz wurde ein standesgemäßes Leben garantiert, Einnahmen aus Handel und Gewerbe widersprachen dem aristokratischen Lebensstil des 18. Jahrhunderts. Nach den Auffassungen des Hochadels mußte ein Gentleman Grundbesitzer sein. Er konnte allenfalls drei standesgemäßen Beschäftigungen nachgehen: seinem Land konnte er als Staatsmann, als hoher Geistlicher oder Offizier dienen.

Die Frage nach einer angemessenen Tätigkeit stellt sich dem einundzwanzigjährigen Lord im Augenblick nicht. Zuerst muß er sich um die teilweise Wiederherstellung des Herrenhauses kümmern, das unter dem «bösen Lord» immer mehr verfallen war. Newstead Abbey liegt im Hügelland von Nottinghamshire. Von den langsam ansteigenden Höhen hat man eine weite Aussicht, das Heideland ist mit gelbem Ginster bewach-

sen, überall stehen kleine Gehölze gegen den Horizont. Die Abtei versteckt sich in einem tieferliegenden Park, der von einem See umgeben ist. Die Hauptfassade des Herrenhauses stammt aus der Tudorzeit, sie bildet die Westfront der ursprünglichen Abteikirche. Die Mauer, die mit der Hauptfassade verbunden ist, weist Zinnen und Durchbrüche auf. Man sieht ein doppelbogiges Tor und ein großes Westfenster, dessen Rippenwerk zerbrochen ist. Das ist alles, was vom Schiff der ehemaligen Kirche übrig ist. Eine Treppe führt zur Vorhalle und weiter zur ziemlich verfallenen Haupthalle. Byron hat einige Räume in der ausgedehnten Ruine ausbauen lassen. Sein Speisezimmer ist das ehemalige Speisezimmer des Priors, es ist mit Wappen und Waffen geschmückt; von dort aus geht der Blick in den ehemaligen Klostergarten. Der größte Raum, der sogenannte «Große Wohnraum», hat eine Galerie. Von da aus führen Steintreppen in Byrons Privaträume. Über dem Kamin in seinem Zimmer hängt ein

*Der Stammsitz Newstead Abbey in Nottinghamshire.
Radierung von E. Finden*

barocker Spiegel; ein großes Bett steht da mit olivgrünen Vorhängen und roten Seidenkordeln. Auf den vier Ecken des silbernen Baldachins glänzen vier vergoldete Adelskronen. Der alte Joe Murray, der schon beim «bösen Lord» Diener gewesen war, sorgt für Byrons kleinen Haushalt, William Fletcher ist sein Kammerdiener, und Robert Rushton, der Sohn eines Bauern aus der Nachbarschaft, wird als «Page» eingestellt. Der hübsche Robert genießt das besondere Wohlwollen seines Herrn ebenso wie das Hausmädchen Lucinda. Der volljährig gewordene junge Lord folgt seinen Neigungen, für die ihn gewisse Erlebnisse seiner Kindheit und frühen Jugend prädisponiert haben. So führt eine Linie von den Erfahrungen mit dem Kindermädchen May Gray zu den manchmal wahllosen Liebesaffären mit vielen Frauen in Cambridge und London, in Griechenland und in Italien. Die Beziehung des Sechzehnjährigen zu Lord Grey prägte seine homoerotischen Freundschaften mit Edleston und mit Robert

Rushton bis hin zur Freundschaft mit dem jungen Griechen Loukas Chalandritsanos, an den Byrons letztes Gedicht gerichtet ist.

Nach seiner Gewohnheit treibt er auch in Newstead regelmäßig Sport. Er hat nicht nur das Bedürfnis, sich körperlich fit zu halten, sondern es treibt ihn ein besonderer Ehrgeiz dazu, auf möglichst vielen Gebieten, im Sport, in der Poesie, sogar in der Liebe, später auch in der Politik Höchstleistungen zu erbringen. Diese Leistungen, die er sich zeitlebens abverlangen wird, empfindet er als eine gewisse Kompensation für seine körperliche Behinderung, die er als tiefsitzendes Trauma erfährt.

> ... *Mißgestalt*
> *Ist immer kühn. Ihr Wesen ist's, die Menschen*
> *An Herz und Seel zu überwältigen*
> *Und allen andern gleich zu machen sich,*
> *Ja überlegen selbst. Es liegt ein Sporn*
> *In der gehemmten Regungsfähigkeit,*
> *Zu werden, was ein andrer nicht vermag,*
> *Da wo auf gleichem Boden beide stehen,*
> *Und auszugleichen so das karge Erbe,*
> *Womit Natur stiefmütterlich sie kränkte.*[67]

Diese Verse stammen aus einem Dramenfragment, dem man in der Byron-Forschung bisher vielleicht zu wenig Aufmerksamkeit geschenkt hat. *The Deformed Transformed* (Der umgestaltete Mißgestalte) entstand in Pisa, zwei Jahre vor dem Tod des Dichters. Mary Shelley schrieb auf ihr Exemplar dieses Dramas den nachdenklich stimmenden Satz: «Keine Handlung Byrons, kaum eine Zeile, die er geschrieben hat, die nicht von seinem persönlichen Gebrechen beeinflußt waren.»[68]

Die Handlung des Dramas ist in einem ganz äußerlichen Sinn beeinflußt von einem Roman von Joshua Pickersgill «Die drei Brüder» (1803). Eine andere, wichtigere Quelle sind Handlungselemente und Personenkonstellationen aus Goethes «Faust», den Byron in einer französischen Übersetzung kennenlernte. Die autobiographischen Bezüge sind nur leicht verhüllt. Arnold, ein Buckliger, wird, ebenso wie der junge Byron, von seiner Mutter Bertha wegen seiner Mißgestalt grausam verhöhnt. Er verflucht sein unglückliches Leben und versucht, sich in sein offenes Messer zu stürzen. In diesem Augenblick erscheint ein *Fremdling*, eine Mephistogestalt, der sich bereit erklärt zu einem Tauschgeschäft. Er will: *Den Körper mit dir tauschen, / Da deiner dich so drückt; auch wenn du willst, / Dir eine andre Form verleihn.*[69] Nun tritt eine Reihe von Heroen auf: Caesar, Alkibiades, Antonius, Demetrius Poliorketes, schöngewachsene, edle Männer, von denen jeder einzelne bereit ist, seinen Körper mit Arnolds Körper zu tauschen. Doch der lehnt ab, auch das Angebot, das Sokrates macht, kann ihn nicht überzeugen, denn genausowenig wie Byron selbst Interesse an strenger Philosophie hatte, genausowenig

Das Schlafzimmer in Newstead Abbey

weiß Arnold mit der Weltweisheit anzufangen: *Nein! Ich bin nicht für Weltweisheit geboren.*[70] Endlich entschließt sich der Verkrüppelte doch, die Gestalt des glänzenden Achill anzunehmen, während der Teufel in der Gestalt des Fremdlings in den Leib des Buckligen schlüpft. Dann ziehen beide hinaus in die Welt, und in Rom erleben sie blutige Kämpfe und gefährliche Abenteuer.

Sicher wäre es zu kurz gegriffen, wollte man Arnold ausschließlich als Verkörperung Byrons sehen; die groteske Verfremdung ist offensichtlich. Und doch zeigen sich verblüffende Parallelen zwischen der Biographie des Dichters und diesem Dramenfragment, in dessen Mittelpunkt das Problem der Identität steht. Alle Werke Byrons haben im Grunde genommen ein einziges Thema: George Gordon Lord Byron. Sie sind mehr oder weniger veränderte Spiegelbilder einer originellen, interessanten Individualität. In diesem Sinn verrät das Fragment *Der umgestaltete Mißgestalte* etwas über die Beziehung zwischen dem Autor Byron und seiner Dichtung im allgemeinen. Ein in sich widersprüchliches Ich, eine gespaltene Existenz versucht, sich in fiktiven Gestalten und Kunstfiguren zu verwirklichen und damit die persönlichen Widersprüche auf einer höheren Ebene aufzuheben. An die Stelle der antiken Schattenfiguren, die vom Teufel als Verwandlungsmöglichkeiten für Arnold beschworen werden, sind die großen dichterischen Gestalten von Byrons Gesamtwerk zu denken. Sie sind persönliche Wunsch- und Idealbilder, poetische Utopien. Die Reihe beginnt mit *Childe Harold*, wird fortgesetzt mit den Helden der Versepen, dem Giauren und dem Korsaren, den beiden Foscari, Manfred und Don Juan und endet mit Sardanapal und Kain. Alle Hauptfiguren von Byrons Dichtungen sind Männer, fast alle sind Männer von hohem sozialem Rang und großem Lebenszuschnitt, Könige, Dogen, Grafen; sie sind entweder große Handelnde oder große Leidende (wie zum Beispiel Mazeppa oder Bonivard). Unmittelbarer als bei anderen Dichtern sind sie Projektionen persönlicher Lebensproblematik und notwendige Identifikationsmodelle. *Mich selbst von mir selbst zurückzuziehen (O diese verfluchte Selbstsucht!) war immer mein einziger, mein ganzer, mein aufrichtiger Beweggrund, überhaupt zu kritzeln; und veröffentlichen ist nur die Fortsetzung des gleichen Strebens, durch das Handeln, das es dem Geist erlaubt, der sonst auf sich selbst zurückgewiesen wird.*[71] Wenn Byron tätig ist, wenn die Leidenschaften ihn erfaßt haben, dann sieht er sich außerstande zu schreiben; nur in den Stunden der Muße können seine Gefühle, seine Visionen, seine Leiden dichterische Gestalt annehmen. *Was die Poesie anlangt, ist meine (Poesie) der Traum meiner schlafenden Leidenschaften; wenn sie wach sind, kann ich ihre Sprache nicht sprechen, nur in ihrem Nachtwandeln* ...[72]

Childe Harolds Pilgerfahrt

Schon längere Zeit hatte sich Byron mit Reiseplänen beschäftigt. Es war im 18. Jahrhundert üblich, daß ein junger Adliger zum Abschluß seiner Studien eine sogenannte Kavalierstour unternahm. Diese Bildungsreise dauerte mehrere Monate, oft auch Jahre und führte vorzugsweise nach Italien und Frankreich. Der junge Aristokrat fand durch Empfehlungsschreiben Zugang zu den maßgeblichen Kreisen, besichtigte historische Sehenswürdigkeiten, besuchte Opern- und Theateraufführungen, vervollkommnete seine Sprachkenntnisse und gewann Erfahrung und Weltläufigkeit. An einer solchen konventionellen Reise ist Byron nicht interessiert; es sind wohl andere Gründe, die ihn veranlassen, nach Erreichen der Volljährigkeit England so schnell als möglich den Rücken zu kehren. Er ist mit 21 Jahren finanziell ruiniert, seine Schulden belaufen sich auf ungefähr 12000 englische Pfund. Die Gläubiger bedrängen ihn, vielleicht wollte er sich ihren hartnäckigen Forderungen – wenigstens für eine gewisse Zeit – durch eine längere Reise entziehen. Möglicherweise sind es auch gewisse persönliche Abhängigkeiten, von denen er sich durch eine Art Flucht befreien will. Wollte er die problematische Beziehung zu seinem Schützling Edleston lösen? Befürchtete er, seine Gefühle gegenüber der geliebten Mary Chaworth nicht länger unter Kontrolle halten zu können?

Byron hat sich über seine Motive nicht in direkter Weise geäußert. Childe, das heißt Junker Harold, der Hauptfigur seiner Verserzählung aber, hat er eine Antwort in den Mund gelegt. Harolds Seele ist *Grames voll*, er empfindet Überdruß, wenn er an sein bisheriges Leben denkt: *Von Lust vergiftet / lechzt' er fast nach Qual; / Veränderung sucht er, wär' es auch im Schattental.* [73] Es sind offensichtlich innere Gründe, die Byron zur Flucht treiben. Eine Lebensform mit ihren sinnlichen Reizen und Sensationen ist abgenützt und verbraucht. Sein Geist verlangt nach neuen Eindrücken, nach ungewöhnlichen Erregungen. Empfindungen zu erleben ist für Byron geradezu lebenswichtig, Empfindungen sind für ihn Bedingungen und Ziel seiner Handlungen. *Das große Ziel des Lebens ist Empfindung – zu spüren, daß wir da sind, wenn auch mit Schmerzen. Es ist diese ‹verlangende Leere›, die uns antreibt zu spielen – zu kämpfen – zu reisen – zu unmäßigen, aber scharf empfundenen Unternehmungen aller*

Art, deren hauptsächlicher Reiz die Erregung ist, die sich untrennbar mit ihrer Ausführung verbindet.[74]

Es ist wohl kein Zufall, daß sich ein Mensch, der den Empfindungen, Gefühlen und Reizen einen so hohen Stellenwert für seine persönliche Existenz zubilligt, zu einem Denker hingezogen fühlt, nach dessen Lehre das schöpferische Denken in erster Linie in der Verbindung, Erweiterung und Umstellung desjenigen Stoffes besteht, welchen die Sinne und die Erfahrung liefern. Dieser Philosoph ist David Hume. Die Seele sei keine Substanz, so lehrte er, sondern ein Bündel aus sich dauernd verändernden Vorstellungen und Gefühlen. Ursachen und Wirkungen, die sich auf Tatsachen beziehen, können nur durch Erfahrung, nicht durch bloße Vernunft herausgefunden werden, weil das Kausalgesetz nur innerhalb des Erfahrungsbereiches gilt. Der Schluß von der Erfahrung auf Transzendentes ist absolut unmöglich, religiöse Wahrheiten können nur geglaubt werden. In der Ethik ist Hume Anhänger des Determinismus. Auch Byron ist wie Hume davon überzeugt, daß alle unsere Handlungen durch unsere Dispositionen bestimmt sind. Die Bedeutung der Vernunft ist auch hier eingeschränkt: Aus bloßem Denken kann kein Handeln entstehen. Das Tun entspringt den Neigungen und Leidenschaften.[75] Byron ist weit davon entfernt, sich mit den Ideen des schottischen Aufklärers philosophisch auseinanderzusetzen, aber er liest sein Werk immer wieder mit erneutem Vergnügen. Er hält Hume *für den weitaus tiefsten Denker und klarsten Logiker von den vielen Philosophen und Metaphysikern des letzten Jahrhunderts.*[76] Ein sicheres Mittel aber, um starke Reize zu erfahren, ist das Reisen *nächst dem Ehrgeiz der mächtigste Reiz*[77], wie Byron prägnant formuliert.

Bevor die Reise begonnen werden kann, ist ein ganz banales, praktisches Problem zu lösen: Wie soll das geplante Unternehmen finanziert werden? Da geschieht ein kleines Wunder. Einer von Byrons Freunden, Scrope Davies, betrinkt sich in einem Spielklub so unmäßig, daß ihn die Zechkumpane mit Gewalt am Weiterspielen hindern wollen, was ihnen aber nicht gelingt. Als sie im Morgengrauen mit den schlimmsten Befürchtungen in den Spielklub zurückkehren, finden sie zu ihrer größten Überraschung Scrope Davies schnarchend auf einem Bett liegend, neben sich einen Nachttopf, der mit großen Scheinen vollgestopft ist; er hatte mehrere tausend Pfund im Spiel gewonnen. Einen Teil seines Gewinns leiht er Byron.

Auf dem Kontinent führt zu dieser Zeit Napoleon seine Kriege, aber nicht nur deswegen schwebt Byron ein anderes Reiseziel vor: der Orient. Seit dem glanzvollen Sieg Napoleons über die türkischen Mamelucken in der Schlacht bei den Pyramiden am 21. Juni 1798 war vor allem der Vordere Orient in den Mittelpunkt des allgemeinen Interesses gerückt. Schon vorher war in England ein aufsehenerregendes Buch erschienen, ein arabisches Märchen, eine Dichtung voller ästhetischem Sensualismus, erfüllt

*David Hume,
Radierung von J. Rogers
nach Allan Ramsay*

von den fremdartigen Reizen orientalischer Lebensweise und orientalischer Landschaft, William Beckfords «Vathek». Ein Werk, *auf das ich schon früher hingewiesen habe*, sagt Byron, *und das ich nie ohne erneute Befriedigung in die Hand nehme oder lese.*[78] Dieser phantastische Roman handelt von einem Kalifen, «der sich mit tausend Verbrechen besudelte, um eitlen Glanz und verbotene Macht zu gewinnen...»[79]

In diese immer noch wenig besuchten, geheimnisvollen Regionen soll die Reise führen. Am 2. Juli 1809 sticht das Lissabonner Postschiff von Falmouth aus in See. Byron hat seinen Freund Hobhouse zur Teilnahme eingeladen, zu seiner Reisegruppe gehören außerdem sein Kammerdiener William Fletcher, der alte Joe Murray und der fünfzehnjährige Robert Rushton. Das erste Ziel ist Lissabon. Gemächlich segelt das Schiff mit seinen neunzehn Passagieren an Bord den Tejo hinauf, am Horizont taucht das romantische Städtchen Sintra auf, es liegt oberhalb der Stadt Lissabon. Die jungen Engländer genießen die malerischen Reize der portugiesischen Landschaft, und Byron ist glücklich. *Es ist aber nur gerecht, zu sagen*, schreibt er aus Lissabon an seinen Freund Hodgson, *daß das Städtchen Sintra in Estremadura vielleicht das schönste in der ganzen Welt ist. Ich bin hier sehr glücklich, weil ich Orangen gern habe und schlechtes Latein mit den Mönchen rede, die es verstehen, weil es wie ihr eigenes ist – und ich gehe in Gesellschaft (mit meinen Taschenpistolen), und ich schwimme im Tejo, und zwar gleich auf die andere Seite, und ich reite auf einem Esel oder Maultier, und ich fluche auf Portugiesisch, und ich habe Diarrhoe bekommen und Mückenstiche. Aber warum auch nicht? Bequemlichkeiten darf niemand erwarten, der auf eine Vergnügungsreise geht.*[80]

Die Reisenden beschließen, von Lissabon nach Cádiz zu reiten. Es wird ein sportlicher Gewaltritt, 70 Meilen am Tag bei glühender Sonne durch Weinberge und schöne Korkwälder, durch die Sierra Morena nach Sevilla. Dort hat die Junta, die revolutionäre spanische Regierung, die sich mit England verbündete, um Napoleon aus dem Land zu treiben, ihr Hauptquartier aufgeschlagen. Durch die Anwesenheit des Militärs ist die Einwohnerzahl der Stadt von 30000 auf 100000 Bewohner angewachsen. Byron, Hobhouse und die Diener haben große Schwierigkeiten, ein passables Quartier zu finden. Schließlich logieren sie im Haus zweier unverheirateter Damen. Seiner Mutter berichtet Byron über eine amüsante Episode: *Die Ältere beehrte Deinen unwürdigen Sohn mit ihrer ganz besonderen Aufmerksamkeit und umarmte ihn zum Abschied äußerst zärtlich... nachdem sie eine Locke von seinem Haar abgeschnitten und ihm eine von ihrem eigenen geschenkt hatte... Ihre letzten Worte waren: Adios tu hermoso! me gusto mucho – Adieu, du hübscher Kerl, du gefällst mir gut! Sie hat mir angeboten, ihr eigenes Appartement mit ihr zu teilen, was meine Tugend mich ablehnen ließ...*[81]

Während Hobhouse in seinem Tagebuch bewegte Klage führt über primitive Unterkünfte, Ungeziefer und schlechtes Essen, genießt Byron das spanische Abenteuer ohne Einschränkung. In Puerta Santa Maria, auf ihrem Weg nach Cádiz, besuchen sie die Stierkampfarena. Byron ist von dem grellen Schauspiel so gefesselt, daß er dieser blutigen Szene elf Strophen in seinem *Childe Harold* widmet. Von Gibraltar aus werden Murray und Rushton heimgeschickt, der eine, weil er zu alt, der andere, weil er zu jung ist für die Strapazen der großen Reise. Am 3. August segeln die beiden Freunde weiter auf der Fregatte «Hyperion» und machen auf Malta Zwischenstation, das seit 1799 von England abhängig ist. Zuerst weigert sich Byron, an Land zu gehen, weil er verstimmt ist, daß ihn der englische Gouverneur nicht mit Salutschüssen empfängt, auf die er als Peer des Königreichs Anspruch zu haben glaubt. In La Valette begegnet er Mrs. Spencer Smith, der Frau des englischen Gesandten, einer zarten Blondine, die vor Napoleon aus Italien flüchten mußte und jetzt in Malta unglücklich verheiratet ist. Eine galante Romanze beginnt, Byron nennt seine Geliebte in seinen Gedichten *Florence*. Ein ganzes Jahr lang wartet sie auf ihn, aber als er von seiner Reise zurückkehrt und sie wieder in Malta trifft, ist er völlig abgekühlt. Später äußert er sich ziemlich unge-

*Byron mit seinem jungen Reisegefährten Robert Rushton.
Gemälde von George Sanders*

Janina, die damalige Hauptstadt von Albanien. Radierung von W. Finden

recht über die Schöne von Malta: *... die Dame ... war eine Frau, die vollständig unabhängig war und jede Kunst der Intrige beherrschte, persönlich oder politisch – ganz und gar nicht verliebt, aber sehr wohl fähig, mir einzureden, daß sie es sei ... von dieser höchst ambrosischen Amour, wegen der ich bei einer Gelegenheit mein Leben aufs Spiel setzte, und bei einer anderen fast verrückt wurde, ist nichts übriggeblieben als ein paar Briefe ...*[82]

Am 21. September wird die Reise fortgesetzt, das Kriegsschiff «Spider» bringt die Freunde nach Westgriechenland. Nach einer zweitägigen Seefahrt sehen sie die Gebirgskette des Peloponnes aus einem blauen Schleier auftauchen, das Ziel ihrer Sehnsucht ist zum Greifen nahe. Eine sanfte Brise treibt ihr Schiff in den Hafen von Patras. Am nächsten Tag fahren sie zwischen den jonischen Inseln hindurch in Richtung Prevesa. Hobhouse liest aus der «Odyssee» vor, und die Freunde erinnern sich beim Anblick der Insel Ithaka an Penelope, die dort dreißig Jahre auf ihren Odysseus wartete. Weiter geht die Fahrt, entlang der Küste von Epirus. Heftige Regengüsse empfangen sie, als sie in Prevesa an Land gehen. Türken in abenteuerlichen Gewändern, wilde, kriegerische Gestalten mit Pistolen und Säbel beobachten die Fremden mit Mißtrauen und unverhohlener Neugier. Der englische Konsul führt sie zu einer schmutzigen Baracke, dort müssen sie die Nacht verbringen. Ihr nächstes Ziel ist Janina. Über steile Gebirgsstraßen kommt die kleine Karawane nur mühsam vorwärts. Sie schleppen allerlei Hausrat mit sich, vier schwere Lederkoffer, die ungefähr achtzig Pfund wiegen, dazu drei kleinere Truhen, Bettgestelle und Bettzeug, vier englische Sättel und Zaumzeug. Nach einem Ritt von drei Tagen sehen sie die blendend weißen Minarette der Stadt aus Olivenhainen aufragen. Janina ist die Hauptstadt des «Löwen von Janina». Ali Pascha ist der türkische Herrscher über ganz Albanien und das westliche Griechenland bis zum Peloponnes.

Die Türken hatten sich schon im 15. Jahrhundert, drei Jahre nach der Eroberung von Konstantinopel unter ihrem Führer Mehmed II. auf dem Peloponnes festgesetzt. Einige Jahre später unterwarfen sie ganz Albanien. In der Regierungszeit Mustafas III. (1517–74) drangen die Russen, die Hauptgegner der Türken, in Bulgarien ein. Noch einmal wurde der Niedergang der osmanischen Macht durch Mahmud II. (1808–39) aufgehalten; er vernichtete die korrupten Janitscharen und schuf ein modernes Heer. Allerdings konnte er den Abfall Ägyptens unter Mohammed Ali nicht verhindern.

Alle Länder, die Byron in der Zeit von 1809 bis 1811 besuchte, lagen innerhalb des Machtbereichs der Hohen Pforte: Griechenland, Albanien, die europäische Türkei und Kleinasien. Nur die jonischen Inseln standen unter französischer Herrschaft; sie gingen aber im Verlauf des dritten Koalitionskriegs Englands gegen Frankreich an die Engländer verloren. In Albanien gab es damals nur einen einzigen Engländer, den englischen Residenten. Byron und Hobhouse konnten sich also wie Pioniere fühlen, als sie in dieses Land vorgedrungen waren. Für ihre Landsleute war Albanien ein unbekanntes Land; zu der Zeit war es weniger bekannt als zum Beispiel das Innere Amerikas.

Byrons anschauliche Briefe aus dieser Weltgegend stießen deshalb in England auf großes Interesse. Von Prevesa aus schreibt er an seine Mutter: *Als ich Janina, die Hauptstadt erreichte, nach einer Reise von drei Tagen über die Berge durch ein Land von höchst malerischer Schönheit, erfuhr ich, daß sich Ali Pascha mit seiner Armee in Illyrien aufhalte ... Er hatte davon gehört, daß sich ein Engländer von Rang in seinem Herrschaftsgebiet aufhalte und er hatte dem Kommandanten in Janina befohlen, mir ein Haus zur Verfügung zu stellen ...*[83] Ali Paschas Gastfreundschaft hatte einen politischen Grund, er spekulierte auf die Hilfe der Engländer im Kampf gegen die Franzosen auf den jonischen Inseln. Byron aber fühlt sich persönlich sehr geschmeichelt, er folgt der Einladung des Türken und besucht ihn in Tepelane. Ali Pascha ist zu der Zeit 60 Jahre alt, klein und dick, er hat hellblaue Augen und einen weißen Bart und bewegt sich mit der Würde eines biblischen Patriarchen, aber *er sieht ganz anders aus, als sein wirklicher Charakter ist, denn er ist ein gewissenloser Tyrann, der sich der fürchterlichsten Grausamkeiten schuldig gemacht hat, dabei sehr tapfer und ein so ausgezeichneter General, daß man ihn den mohammedanischen Bonaparte genannt hat.*[84] Zu seinen bevorzugten

Spezialitäten gehört zum Beispiel das genüßliche Braten von Rebellen. Trotzdem ist Byron sehr beeindruckt von der Persönlichkeit des ehemaligen Räuberhauptmanns, der ein Leben führt nach eigenem Gutdünken, der keinerlei Einschränkungen akzeptiert und seine Grausamkeit geschickt hinter einer Maske von zeremonieller Höflichkeit verbergen kann. Der edle Schurke Pascha Giaffir, den Byron in seiner orientalischen Verserzählung *Die Braut von Abydos* darstellte, gleicht ihm, auch der Pirat Lambro in seiner Verssatire *Don Juan* zeigt verwandte Wesenszüge. Über die Audienz bei Ali Pascha berichtet Byron seiner Mutter: *Am nächsten Tag wurde ich Ali Pascha vorgestellt. Ich hatte meine vollständige Galauniform angelegt, mit einem äußerst prunkvollen Säbel etc. Der Wesir empfing mich in einem großen, mit Marmor ausgelegten Raum; ein Springbrunnen spielte in der Mitte; an den Wänden standen scharlachrote Ottomanen. Er empfing mich stehend, ein großartiges Kompliment von einem Muselmann, und ließ mich an seiner rechten Seite sitzen. Seine erste Frage war, warum ich in so jungen Jahren mein Vaterland verlassen hätte? ... Er sagte, er sei sicher, ich sei von adliger Herkunft, weil ich kleine Ohren, lockiges Haar und kleine weiße Hände habe, und drückte seine*

Illustration zur «Braut von Abydos» von A. Colin

Ali Pascha, Porträtzeichnung von A. Friedel

Zufriedenheit über meine Erscheinung und meine Kleidung aus. Er sagte mir, ich solle ihn als meinen Vater ansehen ... Und er behandelte mich in der Tat auch wie ein Kind, indem er mir Mandeln ... Früchte und Süßigkeiten schickte. Er bat mich, ihn oft zu besuchen, auch nachts, wenn er Muße habe.[85]

Der junge Weltreisende hat eine ausgeprägte Vorliebe für den Reiz des exotischen Milieus. Er bewundert die malerische Tracht der Albaner, die er für die großartigste *in der ganzen Welt hält, bestehend aus einem langen, weißen Kilt, einem golddurchwirkten Mantel, einer purpurroten Samtjacke mit Spitzen ... silberbeschlagenen Pistolen und Dolchen ...* [86] Neugierig betrachtet er die bunte Menschenmenge in den Straßen der albanischen Städte, die Tataren mit ihren hohen Mützen und die kräftigen schwarzen Sklaven. In den engen Gassen dröhnen Kesselpauken, und von den Türmen der Moscheen rufen die Muezzins die Gläubigen zum Gebet. Als Mann von Welt steht er den Türken ohne Vorurteile gegenüber, er empfindet sogar für seine späteren Feinde eine gewisse Sympathie. In einem

Brief an Henry Drury, den Sohn des Direktors von Harrow, schreibt er in der lässig-frivolen Tonart, die er mit Vorliebe gegenüber seinen Freunden anschlägt: *Zwischen den Türken und uns kann ich keinen großen Unterschied sehen, außer daß wir Vorhäute haben und sie keine, daß sie lange Kleider haben und wir kurze und daß wir viel reden und sie wenig. In England sind die Modelaster Huren und Trinken, in der Türkei Sodomie und Rauchen, wir ziehen ein Mädchen und eine Flasche vor, sie eine Pfeife und einen Knaben. – Es sind vernünftige Leute* ...[87]

Noch zweimal besucht Byron den türkischen Herrscher, dann kehrt er nach Janina zurück. Dort beginnt er am 31. Oktober 1809 mit der Niederschrift seines poetischen Reisetagebuchs, der großen Verserzählung *Childe Harolds Pilgerreise*. Drei Tage später besteigt er ein Schiff, das ihn nach Athen bringen soll. Unterwegs kommt ein heftiger Sturm auf, die griechischen Passagiere rufen verzweifelt alle Heiligen an, die Moslems beten zu Allah, aber Byron zeigt große Gelassenheit inmitten der tobenden Elemente. In seinen Mantel gehüllt liegt er auf Deck und erwartet den Untergang des Schiffes mit stoischer Ruhe. Doch allmählich legt sich der Sturm, und man erreicht mit Mühe den schützenden Hafen von Vostitza. Dort trifft Byron Andreas Londos, den Gouverneur des Distrikts, der als Grieche in türkischen Diensten steht. In seinem Herzen aber empfindet er leidenschaftlich die Schmach des türkischen Jochs. Als das Gespräch auf einen griechischen Patrioten kommt, springt Londos plötzlich auf, er hat Tränen in den Augen, während er ein griechisches Freiheitslied singt. Byron ist innerlich tief betroffen; er ahnt noch nicht, daß der Freiheitskampf der unterdrückten Griechen einmal sein eigenes Schicksal besiegeln wird. Die kleine Reisegesellschaft besichtigt Delphi und den Parnaß. Hobhouse vor allem zeigt großes archäologisches Interesse, Byrons Augenmerk ist stärker auf die Gegenwart gerichtet, er versucht, Lebensform und Charakter der Griechen und die Natur ihres Landes zu verstehen. Am Weihnachtstag des Jahres 1809 reiten Byron und Hobhouse durch die Tore von Athen. Die Stadt macht auf sie einen ziemlich provinziellen Eindruck. Sie hat ihren Glanz aus klassischen Zeiten verloren, die Bevölkerung ist auf 10 000 Einwohner geschrumpft. Athen ist nicht mehr die Stadt des Perikles und Themistokles; türkische und venezianische Kanonen haben die einstmals strahlende Akropolis in einen Marmorschutthaufen verwandelt, aus dem nur noch die Säulen der Propyläen, des Parthenons und des Erechteions ragen. Byrons schottischer Landsmann, Lord Elgin, ist eifrig damit beschäftigt, Schiffsladungen von Skulpturen und Reliefs nach England zu schaffen, was von Byron immer wieder heftig kritisiert wird.[88]

Bei einer Witwe, der Frau des ehemaligen britischen Vizekonsuls, finden Byron und Hobhouse Quartier. Frau Macri hat drei hübsche Töchter; für die jüngste, Theresa, die damals erst zwölf Jahre alt ist, empfindet Byron eine leidenschaftliche Zuneigung. Sie ist das *Mädchen von Athen*

Byron in albanischer Tracht. Gemälde von Thomas Phillips

das er in seinem Lied besungen hat. Die Tage vergehen mit Besichtigungen klassischer Stätten, jeden Tag reiten sie in die nähere Umgebung. Zweimal besucht Byron Kap Sunion, die gebirgige Südostspitze der Halbinsel Attika. In eine Säule des verfallenen Poseidontempels ritzt er seinen Namen ein.

Man nimmt gesellschaftlichen Kontakt auf mit den Familien der «Franken», das heißt mit den mitteleuropäischen Ausländern, die in Athen leben. Plötzlich bietet sich eine Gelegenheit, die Reise fortzusetzen; auf

Theresa Macri. Radierung von W. Finden

einer britischen Fregatte, die nach Kleinasien segelt, sind unerwartet Plätze frei geworden. Ohne lange Überlegung gehen die beiden Freunde an Bord des Schiffes, und schon in der ersten Märzwoche 1810 ist Smyrna erreicht. In einer Ruhepause schreibt Byron den zweiten Gesang von *Childe Harolds Pilgerreise.* Am 14. April sehen sie den Hellespont vor sich, aber widrige Winde erzwingen einen neuen Aufenthalt. Bei einem Landgang erforschen sie die Ebene, auf der das alte Troja gestanden haben muß, wenn man den Angaben Homers Glauben schenkt. Und wie Schliemann, der 60 Jahre später dort seine Grabungen durchführte, war auch Byron von der Zuverlässigkeit und Glaubwürdigkeit Homers fest überzeugt. Aber ein anderes Ereignis auf dieser Seefahrt spielte in Byrons Leben eine wichtige Rolle. Höher als seinen literarischen Ruhm bewertete der Dichter eine sportliche Leistung, über die er ein Gedicht verfaßt hat, und die ihn auch bei den Menschen, die niemals eine Zeile von ihm gelesen haben, berühmt machte: am 8. Mai 1810 durchschwimmt

Byron zusammen mit Leutnant Ekenhead auf Leanders klassischer Route die Dardanellen von Sestos nach Abydos, während die «Salsette» vor Anker liegt. Sein unbändiger Stolz auf dieses geglückte Unternehmen wird erst dann so recht verständlich, wenn man sich an Byrons Behinderung erinnert. *Heute nacht, so läßt er seinen Freund Drury wissen, bin ich von Sestos nach Abydos geschwommen. Die eigentliche Entfernung beträgt nicht mehr als eine Meile, aber die Strömung macht es zu einem gewagten Unternehmen – so sehr, daß ich mich frage, ob Leanders eheliche Kräfte auf seinem Weg ins Paradies nicht erschöpft worden sind. Ich habe es schon vor einer Woche versucht, und es ist mißglückt – wegen des Nordwindes und der erstaunlichen Schnelligkeit der Strömung –, obwohl ich von Jugend an ein tüchtiger Schwimmer war. Aber heute morgen war es ruhiger, es ist gelungen, ich habe den «breiten Hellespont» in einer Stunde und zehn Minuten überquert.*[39]

Nach einiger Zeit sehen die Reisenden die Silhouette der vieltürmigen Stadt Konstantinopel am Horizont. Erstaunlicherweise verliert Byron über die berühmte Stadt am Goldenen Horn kein Wort.

Während seines Aufenthalts in Konstantinopel wird er in einem Tabaksladen von einem reisenden Landsmann erkannt, der den berühmten Mann so genau beobachtet hat, daß er noch zwölf Jahre später in der

Ostansicht der Ruinen des Parthenon, in denen die Türken Anfang des 18. Jahrhunderts eine Moschee errichtet hatten

Zeitschrift «The New Monthly Magazine» über das damalige Aussehen Byrons berichten kann: «Er trug einen scharlachroten, reich mit Gold bestickten Rock im Stil einer englischen Aide de Camp-Ausgehuniform, mit zwei schweren Epauletten. Seine Züge waren bemerkenswert zart und hätten ihn feminin erscheinen lassen ohne den männlichen Ausdruck seiner blitzenden blauen Augen. Als er in das Innere des Ladens trat, nahm er seinen Galahut mit Federn ab und zeigte einen Kopf voll kastanienbrauner Locken, die die ungewöhnliche Schönheit seines Gesichtes noch mehr hervorhoben.»[90]

Im Grunde fühlt sich Byron nicht wohl in Konstantinopel, verschiedene unangenehme Eindrücke verleiden ihm den Aufenthalt. Er ekelt sich vor den häßlichen, ausgezehrten Hunden, die an den herumliegenden Leichen nagen, und voller Entsetzen sieht er in Mauernischen die abgehackten Köpfe der Hingerichteten ausgestellt. Auch der Empfang bei dem jungen Sultan Mahmud II. entspricht nicht seinen Erwartungen. Schon vorher hat er sich wieder einmal vergeblich mit dem englischen Botschafter Robert Adair gestritten, weil er in der Rangordnung nicht

Konstantinopel. Radierung aus dem 19. Jahrhundert

hinter einem Botschaftsangehörigen zurückstehen will. Der Empfang selbst dauert dann fünfeinhalb Stunden, Byron und Hobhouse stehen dichtgedrängt in einer großen Menschenmenge, und Seine Lordschaft findet keine Gelegenheit zur Selbstdarstellung. Seine Laune verschlechtert sich noch, als er die neuesten Nachrichten aus England erfährt. Seine finanzielle Situation zu Hause wird immer düsterer. Deshalb entschließt er sich, die Reise abzukürzen. Ursprünglich wollte er nach Persien und Indien weiterreisen, jetzt faßt er den Plan, nach Griechenland zurückzukehren. Hobhouse, für dessen Reisekosten er bisher aufgekommen ist, will sofort nach England zurückkehren. Am 17. Juli wirft das Schiff vor der griechischen Insel Keos Anker. Die beiden Freunde nehmen gefühlvoll Abschied voneinander, Hobhouse weint, als sie zum Zeichen der Verbundenheit einen Strauß wilder Feldblumen miteinander teilen. Nun ist Byron wieder in seinem geliebten Griechenland. Die Abwesenheit des Freundes empfindet er auch als Befreiung, denn eine gewisse Seite seines Liebeslebens hatte Hobhouse immer entschieden mißbilligt. In Athen besucht er noch einmal die Villa Macri, aber als die geschäftstüchtige

Frau Macri die Fortdauer der Beziehung zwischen Byron und Theresa von der Zahlung einer hohen Geldsumme oder von einem Heiratsversprechen abhängig macht, fällt Byron der Verzicht plötzlich sehr leicht, und nach einer planlosen Reise durch den Peloponnes nimmt er schließlich in einem Kapuzinerkloster am Fuß der Akropolis Wohnung. Sechs Schüler leben dort unter der Aufsicht eines alten Abts, darunter Nicolo Giraud, zu dem Byron schon bei seinem ersten Griechenlandaufenthalt freundschaftliche Kontakte geknüpft hatte. Giraud will, so schwört er pathetisch, seinem Herrn nicht nur durch die ganze Welt folgen, sondern auch, wenn es sein muß, mit ihm sterben. Vor allem vom zweiten Angebot will Byron aber keinen Gebrauch machen, denn im Augenblick beschäftigt er sich mit erfreulicheren Dingen. In dieser kleinen Schule fühlt er sich in seine Schulzeit in Harrow zurückversetzt, wie ein großer Schuljunge beteiligt er sich an den kindlichen Spielen der Jungen.

Täglich reitet er zum Piräus, um im Meer zu schwimmen. Eines Tages, als er gerade zur Stadt zurückreitet, hört er plötzlich das Geschrei einer aufgebrachten Menschenmenge. Soldaten der Wache nähern sich, gefährlich aussehende Männer tragen einen schweren Sack, der sich in ihren Armen zu bewegen scheint. Byron hat einen schlimmen Verdacht; rasch

Das Kapuzinerkloster in Athen. Radierung von E. Finden

entschlossen stellt er sich den Soldaten entgegen und erfährt auf seine barsche Frage, daß ein Türkenmädchen in den Sack eingenäht wurde, weil es sich mit einem Christen eingelassen hatte. Ihre verbotene Liebe war ausgerechnet im Fastenmonat Ramadan entdeckt worden, nach türkischer Sitte sollte sie nun zur Strafe im Meer ertränkt werden. Für Byron bietet sich die langersehnte Gelegenheit, zu handeln und seinen persönlichen Mut zu beweisen. Ohne lange Überlegung befiehlt er dem Anführer der Truppe kategorisch, mit ihm zusammen die Verurteilte zum Gouverneur zurückzubringen. Der Anführer aber weigert sich hartnäckig, darauf zieht Byron seine Pistole und droht, ihn zu erschießen. Der Soldat erschrickt und verspricht alles zu tun, was von ihm verlangt werde. Mit Bitten und Drohen, vor allem aber durch Bestechung bringt Byron dann den Gouverneur dazu, das verängstigte Mädchen freizulassen. In der darauffolgenden Nacht schickt Byron sie nach Theben, wo sie außer Gefahr ist. Die Gerüchte aber wollen nicht verstummen, die behaupten, Byron sei selbst der Christ gewesen, der mit der Türkin ein Verhältnis gehabt habe.[91]

Diese dramatische Episode hat Byron später in seiner Verserzählung *Der Giaur* geschildert. Sein scheinbar so planloses Leben zu dieser Zeit war in dichterischer Hinsicht durchaus ertragreich. Unter der Oberfläche «baute er wie an einem exotischen Korallenriff»[92] an dem Material für seine orientalischen Verserzählungen *Die Belagerung von Korinth, Der Giaur, Der Korsar* und *Lara*.

Von seinen literarischen Plänen macht er jedoch wenig Aufhebens. Es sind delikatere Dinge, von denen in seinen Briefen aus jener Zeit die Rede ist. Ähnlich wie Leporello in seiner Registerarie («Und in Spanien 1003») muß er den staunenden Freunden zu Hause in England unbedingt von seinen sexuellen Erfolgen berichten: *Ich habe den größeren Teil des heutigen Tages damit zugebracht, das Verbum «umarmen»* (Original griechisch) *zu konjugieren, aber ich will den plen et opte erreichen.*[93] Einige Monate später hat er dann das Gewünschte erreicht: *Sag M(atthews), daß ich über zweihundert pl et opt Cs erreicht und fast genug davon habe ... Du kennst das Kloster von Mendele, dort erwarb ich den ersten.*[94] Die Monate vergehen mit Reisen in der Begleitung Girauds, mit gesellschaftlichen Veranstaltungen in den Häusern zugereister Engländer und nicht zuletzt mit intensiver schriftstellerischer Arbeit. Endlich, zu Beginn des Jahres 1811, nach einigen fiebrigen Erkrankungen, scheint Byrons Reiselust gestillt zu sein. Im Frühjahr verläßt er Griechenland an Bord der «Hydra», das laute Weinen seiner zurückbleibenden Diener in den Ohren. Die erste Etappe der Rückreise ist Malta; dort erwartet ihn die peinliche Aufgabe, Mrs. Spencer Smith, die lange Zeit in Liebe auf ihren Helden gewartet hat, die Vergeblichkeit ihres Wartens klarzumachen.

Am 14. Juni, nach einer langweiligen Schiffsreise, betritt er in Sheerness in Kent wieder den Boden Englands. Eine ganze Reihe merkwürdiger Souvenirs kann er den Freunden vorführen, *einige Marmorsachen für*

John Murray. Gemälde von H. W. Pickersgill

Hobhouse; für mich selbst vier alte athenische Schädel, aus Sarkophagen ausgegraben – eine Phiole attischen Schierlings – vier lebende Schildkröten – einen Windhund (starb auf der Überfahrt) – zwei lebende griechische Diener, einer ein Athener, der andere ein Yamiote, die nur Romaisch und Italienisch sprechen – und mich selbst.[95] Seiner Mutter hatte er von Athen aus mitgeteilt, er habe nicht die Absicht, irgend etwas über seine Reise zu schreiben, denn die Schreiberei sei *eine Krankheit, von der ich hoffe, kuriert zu sein.*[96] Als ihn aber sein alter Verleger Dallas besucht, zeigt sich, daß er keineswegs kuriert ist. Er hat das langatmige Gedicht *Andeutungen nach Horaz* mitgebracht und bietet Dallas dieses Werk, das nichts anderes ist als eine schwache Fortsetzung seiner Satire *Englische Barden und schottische Rezensenten* zur Veröffentlichung an. Dallas kann seine Enttäuschung kaum verbergen und erkundigt sich nach anderen Manuskripten. Da holt Byron das Manuskript von *Childe Harolds Pilgerfahrt* aus seinem Koffer. *Es ist nicht wert, daß Sie sich damit beschäftigen, aber Sie können es mitnehmen, wenn Sie wollen.*[97] Es ist nicht ganz klar, ob Byron sein Werk wirklich unterschätzte oder ob seine Bemerkung nur als Understatement gemeint war. Tatsache ist, daß die beiden ersten Gesänge seines Versepos ein ungewöhnlich starkes Echo in der Öffentlichkeit finden. Dallas hatte das Manuskript an John Murray übergeben, der das Werk am 10. März 1812 veröffentlicht. Auf den Morgen dieses Tages paßt Byrons bekanntester Ausspruch, der merkwürdigerweise aber nirgends zu belegen ist: *Eines Morgens wachte ich auf und war berühmt.*

Schon in den ersten drei Tagen werden 500, am Ende des Monats sind 5000 Exemplare verkauft. Sogar in den USA findet das neue Werk großen Anklang. Der Verkehr in der Londoner St. James Street gerät immer wieder ins Stocken, eine lange Schlange von eleganten Kutschen drängt sich vor Byrons Wohnung im Haus Nr. 8, die feine Gesellschaft reißt sich um den gefeierten Dichter, Lord Byron ist das Tagesgespräch.

Dem heutigen Leser ist der sensationelle Erfolg von *Childe Harolds Pilgerfahrt* vielleicht nicht ohne weiteres verständlich. Mehrere Gründe

Die St. James Street in London am Anfang des 19. Jahrhunderts

*Rechnung für die Druckkosten der ersten beiden Gesänge von
‹Childe Harold› im Jahre 1812*

mögen zu diesem Erfolg beigetragen haben. Da war zuerst der stoffliche Reiz der effektsteigernden, phantasiebeflügelnden exotischen Szenerie. Das Publikum war an die literarische Beschreibung von Bauern, Pfarrern, Landedelleuten, Wirtshäusern, Märkten, Landhäusern und Kirchen gewöhnt. Einem schon leicht abgestumpften Gaumen schmeckten jetzt die farbigen Darstellungen von Derwischen und Paschas, von Bazaren, Tempeln, Moscheen, Wüsten und Wadis, die Einblick gewährten in eine geheimnisvolle Welt. Das Werk steht zwar in der Tradition des englischen Reisegedichts, aber es war dennoch neuartig, denn die Länder, welche der Junker durchreiste, waren der literarischen Öffentlichkeit wenig bekannt. Man delektierte sich an der Schilderung exotischer Landstriche Spaniens, Portugals, Griechenlands und vor allem Albaniens, man schätzte die ästhetisch glanzvolle Darstellung von Mensch und Natur vor dem Hintergrund der blutig-barbarischen Gebräuche der fremden Volksstämme, und die respektlosen Attacken gegen Konventionen und Tabus der englischen Gesellschaft wurden als pikante Würze genossen. Neben stimmungsvollen, romantischen Szenen begegnen dem Leser realistische Skizzen, zum Beispiel die Darstellung des Stierkampfs in Spanien oder die Seestücke, die eine «so leicht hingeworfene Realität» haben, «als wären sie improvisiert ... so daß man sogar die Wasserluft mit zu empfinden glaubt»,[98] und die so nur jemand zeichnen kann, der die Verhältnisse aus eigener Anschauung kennt. Byron betrachtet die Welt mit den Augen eines Malers, er ist ein ausgesprochener Augenmensch. Wenn er über das

Byron um 1812. Gemälde von Sanders

Sehorgan spricht, klingt das so: *In jenem Organ ... sind die inneren Gefühle des Herzens entwickelt, und ich setze größeres Vertrauen in jene Sprache ... als in alle trügerischen Theorien ...*[99] Immer wieder wird Junker Harold auf eine Anhöhe geführt; von dort aus schildert der Reisende die charakteristischen Formen der Landschaft, wobei die durch den Wechsel der Jahreszeiten veränderten Farben eine bedeutsame Rolle spielen.

So schaut die Hauptfigur zu Beginn des vierten Gesangs von der Höhe der Albanerberge und betrachtet *meinen alten Jugendfreund*[100], den Ozean. Der Pilger, der in diesem Teil des Werkes ganz mit seinem Autor verschmilzt, liebt die Menschen, *doch Natur noch mehr*, vor allem die vom Menschen unabhängige Welt der Elemente. In einer großen Apostrophe – sie umfaßt sechs Strophen, die im Versmaß der Spenserstanze einherschreiten –, feiert der Dichter den großen Ozean, der mit den Schiffen spielt und die Spur der Menschen auslöscht. Fast unmerklich verwandelt sich der Charakter der Darstellung, der Ozean erscheint personifiziert als Riese, der die Matrosen übermütig in die Luft schleudert und ganze Kriegsgeschwader samt ihren eitlen Schöpfern wie Spielzeuge vernichtet, so wie es der spanischen Armada und den Franzosen bei Trafalgar ergangen ist. Diese historischen Anspielungen leiten über zu einer Betrachtung der Weltreiche, die an der Küste des Ozeans lagen. Karthago, Hellas, Rom sind gefallen, aber der Ozean ist unwandelbar, zeitlos, ewig seit Anbeginn der Schöpfung. Die folgende Stanze bringt den Höhepunkt der Schilderung, die See ist ein *glorreicher Spiegel*, der das Walten des Allmächtigen verkündet, ein Widerschein des Weltalls, ein *Thron des Verborgenen*. Dann treten diese dinglichen Metaphern wieder zurück, und das Lebewesen Ozean, das seinen Weg in ernster Einsamkeit wandelt, wird aufs neue beschworen. Der weitausgreifende Lobgesang kehrt zurück zur Person des Dichters; er liebt das Meer seit seiner Jugendzeit und fühlt sich als Kind dieses Elements, dessen Launen und Tücken ihm Vergnügen bereiten, und wie einem vertrauten Tier legt er dem Ozean die Hand auf das *Mähnenhaupt*. Diese grandiose, schwungvolle Hymne ist wohl der berühmteste Teil des Versepos und wurde häufig als selbständiges Gedicht in Anthologien abgedruckt.

Es ist verständlich, daß die Zeitgenossen, ohne zu zögern, Harold mit dem Dichter identifizierten, obwohl sich Byron in Anmerkungen und Vorworten von seinem Helden deutlich distanzierte. Sicher ist die unbestreitbare Parallele zwischen Autor und Werk für die Leser von größtem Interesse gewesen; der radikale Subjektivismus eines unabhängigen Geistes faszinierte das zeitgenössische Publikum.

Mit Junker Harold beginnt die Reihe der typischen Byron-Helden, die alle miteinander verwandt sind. Sie sind gesellschaftliche Außenseiter, die sich oft selbst von der Gesellschaft isolierten. Harold führt ein ausschweifendes Leben voller Liebesabenteuer und wüster Gelage; der Giaur, die Hauptfigur der gleichnamigen Verserzählung, verbannt sich

Byron als Childe Harold, Radierung von William Westhall

selbst in ein Kloster, weil er am Tod seiner geliebten Leila schuldig ist und weil er deren Mörder Pascha erschlug; Conrad führt das Leben eines Seeräubers, denn er ist von den Menschen enttäuscht worden, und Lara, der an seiner eigenen Zügellosigkeit scheitert, beschließt, das Land seiner Väter zu meiden. Sie sind gefallene Engel wie Miltons Satan, die durch ihre geheimen Verbrechen, aber auch durch ihre Ruhmestaten aus der Menge der gewöhnlichen Menschen hervorgehoben werden. Weltschmerzlich-düster, leidenschaftlich, voller Geheimnisse, aristokratischstolz und herrscherlich sind sie alle, edle Verbrecher wie Karl Moor, in der Liebe unbedingt und kompromißlos: selbst in der äußeren Erscheinung sind die Helden untereinander und mit ihrem Autor verwandt, sie sehen aus, wie Byron selbst aussah; da ist die Rede von feurigen Augen, die Stirn ist hoch und bleich, das Gesicht eingerahmt von dunklen Locken, der aufgeworfene Mund verrät Trotz und Auflehnung gegen das Schicksal.

Diese Gestalten verkörpern eine Haltung, die als »Byronism« das kulturelle Klima in England und auf dem Kontinent entscheidend bestimmt hat und gleichzeitig Ausdruck einer europäischen Zeitstimmung war. Besonders die Figur des Junkers Harold brachte das Lebensgefühl einer Generation zum Ausdruck. Darin lag wohl der eigentliche Erfolg des Werkes begründet. Wie etwa Rousseaus «Neue Heloise» oder Goethes «Werther» traf diese Dichtung den entscheidenden Stimmungsgehalt einer ganzen Epoche und gab dem herrschenden Gemütszustand von Weltschmerz und Lebensüberdruß glanzvolle Gestalt. In England wurde dieses Gefühl der Resignation zweifellos genährt durch die Erfahrung eines von vielen als sinnlos empfundenen Kriegs gegen das revolutionäre Frankreich. Verteidigte man nicht das Überholte und Abgelebte gegen die berechtigten Forderungen einer neuen Zeit?

«Zu leben wie Fox und wie Chatham zu sterben» [101]

Es gibt ein Gedicht des achtzehnjährigen Byron mit dem langen Titel *Verse gerichtet an Rev. J. T. Becher, auf seinen Rat, der Verfasser solle mehr Gesellschaft suchen.* In diesen Versen deutet der junge Lord seine Lebensziele an: falls er die Gelegenheit fände, im Senat oder im Feld zu kämpfen, würde ihn der Ehrgeiz beflügeln. Wenn er leben könnte wie der berühmte Staatsmann Fox[101], oder wenn er erreichen könnte, was William Pitt der Ältere, Earl of Chatham, in seinem Leben für sich und sein Land erreichte, dann wäre er bereit, alle Gefahren und jede Kritik auf sich zu nehmen. Zwei Jahre später spricht er in einem Brief an seine Mutter von einer geplanten Indienreise: ... *wenn ich zurückkehre, werde ich möglicherweise Politiker werden. Eine Bekanntschaft mit anderen Ländern während einiger Jahre wird mich für jene Rolle nicht ungeeignet machen.*[102] Zwar versucht Byron sich gelegentlich einzureden, er besitze keinerlei Ehrgeiz[103], doch andererseits vertraut er seinem Tagebuch an: *Der erste Mann zu sein – nicht der Diktator – nicht der Sulla, sondern der Washington, oder der Aristides – der Führer in Begabung und Wahrheit – kommt der Göttlichkeit am nächsten.*[104] Er strebt nicht in erster Linie danach, als Schriftsteller berühmt zu werden, wichtiger als seine *Kritzeleien* erscheint ihm eine parlamentarische oder militärische Laufbahn. So ist es nur konsequent, daß Byron nach Erreichen seiner Volljährigkeit seinen Sitz im Oberhaus einnehmen möchte. Sein Vormund, Lord Carlisle, lehnt es ab, ihn selbst ins politische Leben einzuführen, er begnügt sich damit, ihn über formale Dinge zu informieren. Deswegen muß Byron seinen Freund und Verleger Dallas bitten, ihn ins Oberhaus zu begleiten.

Schüchtern geht er am »Wollsack«, dem Sitz des Lordkanzlers, vorbei, ohne nach links oder rechts zu sehen, und legt vor dem zuständigen Beamten den vorgeschriebenen Eid ab. Der Kanzler kommt auf den jungen Lord zu und begrüßt ihn herzlich. Byron aber verbeugt sich nur ganz förmlich und gibt ihm zögernd seine Fingerspitzen. Befremdet geht der Kanzler auf seinen Platz zurück, «und Lord Byron warf sich lässig auf eine der leeren Bänke zur Linken des Thrones, die gewöhnlich von den Lords der Opposition eingenommen werden...»[105] Byron schließt sich der Partei der Whigs an.

Diese Partei trat für die Rechte der Minderheiten ein, die keine Vertretung im Parlament hatten, sie unterstützte die sogenannten «dissenters», das heißt, die nicht zur Staatskirche gehörenden Protestanten, vertrat die bürgerliche Gleichberechtigung der Katholiken, die damals kein öffentliches Amt bekleiden durften, und wandte sich mit ganzem Nachdruck gegen den Sklavenhandel. Die Whigs waren längere Zeit von der Regierung ausgeschlossen, nachdem sie im 18. Jahrhundert die führende Partei gewesen waren. Georg III. (1760–1820), der bestrebt war, das persönliche Regiment des Monarchen zu stärken, versuchte mit allen Mitteln, eine königstreue Mehrheit im Parlament zu erreichen. Um seine Macht zu stärken, war er bemüht, die einflußreichen Whigs kaltzustellen. Nachdem der König durch seine ungeschickte, kompromißlose Haltung mitschuldig geworden war am Abfall der nordamerikanischen Kolonien, verlor er jedoch seinen Rückhalt bei den englischen Bürgern, und sein politischer Einfluß schwand beträchtlich. Schließlich mußte er sich der parlamentarischen Regierung fügen. In der Folge gelang es der konservativen Tory Partei unter dem jüngeren Pitt, eine vom König weitgehend unabhängige Politik durchzusetzen. Der Einfluß des Parlaments wuchs, als Georg III. im Jahre 1811 geisteskrank wurde. An seine Stelle trat sein Sohn, der spätere Georg IV., als Prinzregent, ein verschwenderischer, sittenloser Mann, der durch die Scheidung von seiner Frau Karoline von Braunschweig noch unpopulärer wurde. Der Prinzregent ist für Byron ein *zwiefacher Zwingherr, würdig seiner Ahnen* (wobei er an Karl I. und Heinrich VIII. denkt), er nennt ihn einen eitlen, kalten, alten Mann mit einem *welken Herzen*.[106] Sein Hauptgegner aber ist der Außenminister unter Georg III., Lord Castlereagh, der die Koalition gegen Napoleon festigte und sich als Vertreter Englands auf dem Wiener Kongreß für die Konsolidierung der Allianz der europäischen Großmächte mit Nachdruck einsetzte. Der Interventionspolitik der «Heiligen Allianz» in Spanien, Italien und Portugal wollte er jedoch nicht zustimmen. In maßloser und ziemlich ungerechter Weise greift Byron diesen ihm verhaßten Staatsmann vor allem in der *Zueignung* zu seiner Verserzählung *Don Juan* an. Castlereagh, so heißt es da, sei ein *geistiger Eunuch*, ein Verräter und Mörder, ein Joch der Völker, ein *Staatswurm, der Handschellen für die ganze Menschheit schweißt*.[107] Daß er den großen Genius Napoleon, den viele Whigs bewundern, bekämpft hat, kann er ihm nicht verzeihen. Das ist einer der Gründe, warum manche Konservative die liberalen Whigs als radikale Jakobiner beschimpfen.

An der Spitze der Whigs stehen kultivierte Adlige, wie der geistreiche Fox, der aus Opposition gegen die absolutistische Politik Georgs III. zu den Liberalen übergewechselt war.

Der lange Krieg gegen das napoleonische Frankreich (1793–1815) hat fatale Auswirkungen auf das soziale und politische Klima Englands. Die Auswirkungen dieses Krieges blockieren viele Reformen, die die Whig-Partei und andere fortschrittliche politische Kräfte zum Programm erho-

George IV. Gemälde von Sir Thomas Lawrence

ben hatten. Die führende Schicht will konsequent an den traditionellen Strukturen der englischen Gesellschaft festhalten, viele soziale Reformvorschläge werden als «jakobinisch» abgelehnt. So ist die herrschende Klasse wenig gerüstet, als es gilt, mit den einschneidenden Veränderungen der industriellen Revolution fertig zu werden, die die Erfindung neuer Produktivkräfte im letzten Drittel des 18. Jahrhunderts herbeiführten. Ein Teil der Landbevölkerung zieht in die Städte, um in den Fabriken Arbeit zu finden. Eine neue Schicht von Unternehmern entsteht. Die Fabrikanten setzen die Arbeitsbedingungen für die Arbeiter nach eigenem Gutdünken fest, ohne jede Kontrolle durch den Staat oder die Öffentlichkeit.[108] Die französische Blockade während des Krieges bringt eine Verteuerung der Lebensmittel mit sich, bei gleichbleibenden Löhnen müssen die Fabrikarbeiter hungern. In der Grafschaft Nottingham besetzen arbeitslose Weber die Fabriken und zerstören die neuen Maschinen,

Lord Castlereagh. Gemälde von Sir Thomas Lawrence

die viele von ihnen arbeitslos gemacht hatten. Regierungstruppen – 900 Reiter und 1000 Mann zu Fuß – sollen den Aufstand niederschlagen, aber die sogenannten «Ludditen» unter ihrem Anführer Ned Lud lassen sich nicht einschüchtern und setzen ihren Kampf gegen die Maschinen fort. Das Parlament in Westminster beschließt, nun mit aller Härte durchzugreifen, den Aufständischen wird die Todesstrafe angedroht.

Um sich einen Eindruck von den Problemen der Industrialisierung zu verschaffen, besichtigt Byron Gruben in Nottingham und besucht auch seine eigenen Kohlegruben in Lancashire. Überall hausen schlecht bezahlte ungelernte Arbeiter in ungesunden Barackenstädten. Byron erkennt, daß die Proletarier nur vordergründig gegen die Maschinen, in Wirklichkeit aber um ihren Lebensunterhalt kämpfen, gegen die Macht, die hinter den Maschinen steht, gegen das Kapital.

Als politisches Greenhorn hatte der junge Lord bisher bei den Debatten im Oberhaus nur zugehört, ohne jemals das Wort zu ergreifen. Natürlich kann diese Zuschauerrolle seinen parlamentarischen Ehrgeiz nicht befriedigen. Schon einige Zeit sucht er nach einem lohnenden Thema für seine Jungfernrede im Parlament. Jetzt beschließt er, sich für die notleidenden Weber einzusetzen, denn er ist überzeugt, daß soziale Probleme nicht durch Gewaltmaßnahmen gelöst werden können. Mit einem fast ehrfürchtigen Brief wendet sich der Parlamentsneuling an den führenden Oppositionellen, Lord Holland: *Was mich betrifft, betrachte ich die Arbeiter als eine Gruppe von Leuten, die viel Unrecht erlitten haben und die den Zielen gewisser Personen aufgeopfert worden sind, die sich durch solche Praktiken bereicherten, wie sie die Weber ihrer Arbeitsplätze beraubt haben* ...[109] Das ist seine entscheidende These, die er im folgenden zu begründen sucht. Der neue Webstuhl bringe viele Arbeiter um ihre Arbeitsplätze, weil diese Maschine die Arbeit von sieben Webern verrichte, dadurch würden sechs beschäftigungslos. Trotz aller Freude am Fortschritt ... *dürfen wir doch nicht zulassen, daß die Menschheit den Fortschritten in der Mechanik geopfert wird.* Da er besorgt ist, wie der mächtige Politiker auf seine prononcierte Stellungnahme reagieren wird, fügt Byron seinem Brief noch ein Postscriptum hinzu: *Ich fürchte ein wenig, daß Eure Lordschaft mich zu nachgiebig gegen diese Leute finden und mich selbst als halben Maschinenstürmer ansehen könnte.* Aber diesem Eindruck ist er schon am Ende seines Schreibens entgegengetreten, man müsse *diese armen Teufel* verurteilen, erklärt er vorsichtig taktierend. Aber trotz aller Diplomatie: in der Sache bleibt Byron konsequent, er hält fest an der Überzeugung ... *daß es Mißstände gibt, die eher Mitleid als Strafe erfordern.*[110] Lord Holland möchte eigentlich nicht so weit gehen wie Byron, sein wichtigstes Ziel ist es, einen parlamentarischen Untersuchungsausschuß einzusetzen, aber er will den Eifer des jungen Lords nicht unnötig bremsen.

Nachdem er sich durch dieses Schreiben gegenüber der Parteileitung abgesichert hat, geht Byron an die Ausarbeitung seiner Rede, die er, wie er es in Harrow gelernt hat, sorgfältig memoriert, auch auf die Einstudierung der ihm als notwendig erscheinenden Gesten legt er großen Wert. Voller Aufregung wartet er auf seinen ersten öffentlichen Auftritt; am 27. Februar 1812 ist es dann soweit, das Oberhaus behandelt das vorgeschlagene Gesetz gegen die Weber in zweiter Lesung. Byron kann seine Nervosität schlecht verbergen, als er vor den Lords das Wort ergreift. Ohne taktische Absicherung, mit großer innerer Beteiligung greift er den nach seiner Meinung inhumanen Gesetzesvorschlag mit rücksichtsloser Schärfe an: *Ich habe den Kriegsschauplatz in der spanischen Halbinsel durchquert, in der Türkei einige der am meisten unterdrückten Provinzen besucht; aber nirgends, auch unter der despotischen Regierung Ungläubiger, solche Verkommenheit und solches Elend gesehen, wie seit meiner Rückkehr im Herzen eines christlichen Landes ... Wie wollen Sie die Gesetze durchführen? Können Sie ein ganzes Land in seine eigenen Gefängnisse stecken? Wollen Sie einen Galgen auf jedem Feld errichten und Männer wie Vogelscheuchen aufhängen? ... Sind das die Heilmittel für eine verhungernde und verzweifelte Bevölkerung?* [111] Gelöst und glücklich nimmt Byron nach seiner Rede die Gratulationen seiner Freunde entgegen, auch Lord Holland spricht höflich seine Anerkennung aus. Die Whigs sind ein wenig betroffen über seine kämpferische Attacke, ihnen scheint die Sache der Weber nicht von gleicher Wichtigkeit. Sie bewundern zwar Byrons rhetorischen Eifer, seine Argumente vermögen sie jedoch weniger zu überzeugen. Lord Holland aber schreibt in seinen Memoiren, was er wirklich von Byrons Jungfernrede hält: Sie sei «einfallsreich, witzig und polemisch, aber weder frei von Affektiertheit noch gut durchdacht und keineswegs in Übereinstimmung mit unseren üblichen Vorstellungen von parlamentarischer Beredsamkeit.» [112] Byron genießt seinen Erfolg, er habe mit einer Art *bescheidener Unverschämtheit* gesprochen, so erklärt er seinem Freund Hodgson, aber selbstkritisch bemerkt er, seine Rede sei *vielleicht ein bißchen theatralisch* gewesen.[113] Ebenso zwiespältig wie die Wirkung seiner Rede ist der parlamentarische Erfolg seines Eintretens für die Ludditen. Zwar wird das Gesetz nach der dritten Lesung am 5. März im Oberhaus dahingehend abgeändert, daß den Maschinenstürmern in Nottingham statt der Todesstrafe Geldstrafe oder Gefängnis angedroht wird, aber dann lehnt das Unterhaus die Gesetzesänderung mit Mehrheit ab. Noch Jahre später beschäftigt Byron das Schicksal der aufständischen Weber. Unter dem Datum des 24. Dezember 1816 erscheint sein Gedicht *Lied für die Ludditen*, das in kraftvollen Versen die Freiheit preist und jede Tyrannei verflucht.[114]

Daß es Byron durchaus ernst ist mit seiner Sorge um die Lage der arbeitenden Klasse in England, zeigt seine Reaktion, als er davon hört, daß in London eine Schule zur Ausbildung von Mechanikern eröffnet werden soll. Er ist begeistert und will sich spontan mit einer Spende beteiligen, aber nur unter der Bedingung, daß alle Posten in dieser Schule von richtigen Mechanikern eingenommen werden. Durch diese Maßnahme, so meint er, werde natürliche Intelligenz aktiviert, im anderen Fall werde die Arbeiterklasse getäuscht.[115]

Noch zweimal erhebt Byron seine Stimme im Oberhaus. Die nächste Gelegenheit nach seiner Jungfernrede bietet sich am 21. April 1812. Als der Earl of Donoughmore einen Antrag für die Gleichberechtigung der irischen Katholiken einbringt, wird er von Byron unterstützt, dessen witzige Rede Gelächter auslöst, so zum Beispiel an der Stelle, an der er die Union mit Irland mit der Vereinigung *des Hais mit seiner Beute* vergleicht,

Byron im Alter von 25 Jahren. Radierung von R. Grave nach James Holmes

beide würden auf diese Weise *eins und unteilbar* wie England und Irland.[116] Die Rede wird sogar von manchen Whigs als zu aggressiv und unparlamentarisch empfunden, außerdem sind gerade in dieser Frage die Vorurteile zu tief verwurzelt, als daß Byron viel hätte erreichen können. Der Antrag wird mit einer Stimme Mehrheit abgelehnt. Byron ist sehr enttäuscht, der Traum seiner Jugend will sich nicht erfüllen, seine politische Karriere scheint zu stocken, noch ehe sie recht begonnen hat. Im nächsten Jahr versucht er noch einmal sein Glück. Der als radikal geltende Major Cartwright hatte 199000 Unterschriften für die Wiederaufnahme der Parlamentsreform gesammelt. Die Einteilung der Wahlkreise, die nicht mehr mit der Bevölkerungsentwicklung übereinstimmte, sollte entsprechend geändert werden. Byron, der die Petition einbringt, stößt auf einhellige Ablehnung, nur der Außenseiter Earl Stanhope wagt es, sich für die Reform einzusetzen. Byrons Initiative erweist sich als vollständiger Fehlschlag. Seine Rede vom 1. Juni 1813 ist sein politischer Schwanengesang ... *da ich den parlamentarischen Mummenschanz satt habe ... ich glaube nicht, daß je ein Redner aus mir wird. Meine erste* (Rede) *fand Anklang; die zweite und dritte – ich weiß nicht, ob sie Erfolg hatten oder nicht.* [117] Für seine *Unfähigkeit* oder *Faulheit* müsse er irgendeine Entschuldigung vor sich selbst suchen, meint der desillusionierte Politiker.

Warum konnte Byron im politischen Geschäft nicht Fuß fassen? Seine Reden waren wohl zu klassisch-literarisch. Seine Vorbilder waren Fox, Burke, Sheridan. Wie diese berühmten Staatsmänner wollte er die ganze Nation ansprechen und aufrütteln; dabei vergaß er, daß ein Politiker für seine Ideen zuerst eine tragfähige Mehrheit in seiner eigenen Partei finden muß. Außerdem litt Byron während seiner parlamentarischen Tätigkeit unter einem Zwiespalt. Wie sein Brief an Lord Holland zeigt, ist er ein Mensch, der sich als geborener Oppositioneller fühlt, seine Ideen sind zukunftsweisend und fortschrittlich. Aber er befürchtet, daß er durch eine radikale Haltung die Beziehungen zu seinen adligen Standesgenossen in einer für ihn unerträglichen Weise belasten könnte. Es ist dieser unlösbare Widerspruch, den man nur versteht, wenn man Byrons Herkunft und Schicksal kennt, der ihn als Politiker scheitern läßt. Fox und Chatham bleiben unerreichbare Vorbilder.

«Der teure Wahnsinn, der mein Herz zerfrißt»[118]

Im Haus der Familie Holland in Kensington trifft Byron die Schriftsteller Rogers und Moore. Von der Whig-Zentrale führt ein direkter Weg zum literarischen Ruhm, denn der Dichter und Bankier Samuel Rogers und Thomas Moore, Byrons erster Biograph, fördern den jungen Dichter nachhaltig, indem sie ihm Zugang verschaffen zu einflußreichen Kreisen. Sein Ruhm wächst. Der schöne, melancholisch blickende Lord wird sofort zum Mittelpunkt jeder Gesellschaft in den gaslichterhellten Salons des Londoner Westens. Anders als sein düsterer Held, Junker Harold, ist sein Autor in Gesellschaft heiter und charmant; er liebt es, lustige Anekdoten zu erzählen, wobei er die Sprechweise der Personen wie ein Schauspieler imitiert. Nach dem Scheitern seiner politischen Pläne ist die Bewunderung, die ihm überall entgegenschlägt, Balsam für seine wunde Seele. Die Herren sind auf ihn eifersüchtig, und die Damen bedrängen ihn mit ihrer Liebe. Viele schreiben ihm gefühlvolle Briefe, erbitten von ihm eine Locke oder beneiden angeblich den Papagei in seinem Zimmer. Man erzählt sich sogar, man habe in Neapel eine Dame der Londoner Gesellschaft gesehen, die mit Byrons Bild, das sie vorne an ihrem Korsett angebracht habe, in der Stadt herumspaziert sei.

Im Haus der Hollands wird er eines Tages Caroline Lamb vorgestellt. Caroline ist 26 Jahre alt und verheiratet mit dem ältesten Sohn Lord Melbournes, William Lamb, dem Mitglied der Whig-Partei und späteren Premierminister, was sie bei ihren vielen Amouren aber nicht als störend empfindet. Sie ist impulsiv und sehr eigenwillig, ohne Rücksicht auf die Meinung anderer, künstlerisch begabt, eine aristokratische Zigeunerin, die sich bei ihren Liebesaffären keinerlei Zwang auferlegt. Nach ihrer ersten Begegnung mit Byron schreibt sie in ihr Tagebuch: «Verrückt, schlimm; es ist gefährlich seine Bekanntschaft zu machen ... Jenes schöne, bleiche Gesicht ist mein Schicksal.»[119] Die Liaison Byrons mit Caroline ist heftig, aber kurz, denn die Dame ist unerträglich überspannt, besitzergreifend und krankhaft eifersüchtig. Sie verkleidet sich als Page oder als Kutscher, um dem Geliebten immer nahe zu sein, löst einen Skandal aus, indem sie sich während einer Gesellschaft mit einem Messer eine kleine Wunde beibringt, angeblich, weil Byron eine sarkastische Bemerkung machte; sie dringt in die Wohnung des Dichters ein und schreibt auf ein Buch die Worte «Gedenke mein». Die erboste Antwort Byrons auf diese Zudringlichkeit ist das Gedicht *Gedenke dein*[120]. Schon bald überlegt sich Byron, wie er seine Freiheit wiedergewinnen könnte. In einem Brief an Caroline geht er zwar auf ihre exaltierte Tonart ein, macht aber mehr oder weniger versteckte Andeutungen, daß ein Abschied notwendig sei, wobei er so tut, als ob der Gedanke an eine Trennung auch von ihr ausgehe: *Gott weiß, ich wünsche Dich glücklich, und wenn ich Dich verlasse, oder vielmehr Du, aus einem Gefühl der Pflicht gegen Deinen Mann und Deine Mutter, mich verläßt, wirst Du die Wahrheit erkennen, was ich nochmals verspreche und gelobe, daß keine andere in Wort oder Tat den Platz in meinen Gefühlen einnehmen soll, der ganz Dir geweiht ist* ...[121] Doch in Wahrheit denkt er gar nicht daran, dieses pathetische Versprechen zu halten, seine Neigungen *sind vergeben*, wie er ihr wenig später brüsk mitteilt, er wirft ihr ihre Launen, ihren Leichtsinn *und die armseli-*

Lady Caroline Lamb. Zeichnung von Mary Ann Knight

Thomas Moore, Byrons Freund und erster Biograph. Radierung von W. H. Watt

gen Ausflüchte vor und erklärt dann am Schluß seines Briefes brutal: *Ich bin nicht länger Dein Liebhaber...*[122] Der *kleine Vulkan* bricht aus und reagiert mit Haß, sie will sich bitter rächen und tut das feinsinnig und symbolisch. Auf ihrem Landsitz versammelt sie weißgekleidete Dorfkinder um ein großes Feuer. Ein Bild des ungetreuen Geliebten wird feierlich verbrannt, ebenso Geschenke, Bücher und Briefe des Dichters – allerdings nur Kopien, weil sie sich von den Originalen nicht trennen kann. Sie selbst trägt ein Schmähgedicht auf den Verräter vor, das sie für diesen Anlaß eigens verfaßt hat. Auf die Livreeknöpfe ihrer Diener aber läßt sie die Worte eingravieren: «Ne Crede Byron» (Trau Byron nicht).

Die neue Geliebte ist Lady Oxford. Sie ist schon vierzig, eine reife Schönheit, deren *Herbst*, nach der Meinung Byrons, *dem Frühling anderer* überlegen ist.[123] Lady Oxford, die Tochter eines Pfarrers, begeisterte sich früh für die Ideen der Französischen Revolution, ist bewandert in der antiken Literatur, vertritt radikale politische Überzeugungen und hat eine Vorliebe für gutaussehende Männer, von denen sie zahlreiche ebenso gutaussehende Kinder hat. Nachdem Byron sich dem Herbst genügend gewidmet hat, wendet er sich doch wieder einem Frühling zu. Er lernt

Jane Elizabeth, Countess of Oxford. Gemälde von John Oxford

Lady Frances kennen, eine hübsche, anziehende Person. Sie ist zwar *fürchterlich romantisch*, aber gescheit und gebildet. Nur einen Fehler hat sie, sie ist die Frau seines Freundes Webster. *Wir haben allmählich Fortschritte in einer weniger geistigen Art der Zärtlichkeit gemacht, aber das Siegel ist noch nicht aufgedrückt, wenn auch das Wachs bereit ist für das Prägen. Morgen sollte eine ausgezeichnete Gelegenheit sein ...*[124] Die Empfängerin dieses zynischen Briefes ist Lady Melbourne, Byrons Vertraute und Seelenfreundin in dieser Zeit. Sie ist die Schwester seines späteren Schwiegervaters Sir Ralph Milbanke und die Schwiegermutter von Caroline Lamb. Lady Melbourne ist eine lebens- und liebeserfahrene Dame von 62 Jahren, ein Muster an Diskretion und diplomatischer Klugheit, ohne Vorurteile und frei von Launen, dabei sehr elegant im Stil des 18. Jahrhunderts. Ihr gegenüber glaubt er keine Mimikry nötig zu haben. Seine Briefe an die von ihm sehr bewunderte Lady zeigen Byron als selbstsicheren Mann von Welt, lässig und geistreich, ihr gegenüber wirkt er entspannt und aufrichtig, sogar sein heikles Verhältnis zu Augusta wird brieflich mit ihr erörtert.

Im Jahre 1813 hatte er seine Halbschwester nach langer Zeit in London wiedergetroffen. Als Hofdame der Königin lebt sie einige Monate im Jahr im St. James-Palast. Augusta wird als sanft und sinnlich beschrieben, sie ist nicht besonders hübsch, aber ihrem Bruder auf eine verblüffende Art ähnlich. Ihre Gesichtszüge sind ausdrucksvoll, sie hat das gleiche kastanienbraune Haar, die hohe Stirn, die großen Augen, die lange Oberlippe wie ihr Bruder, ihre Art zu lachen ist ähnlich, und sie finden die gleichen Personen oder Vorgänge komisch. Ihre Ehe mit Colonel Leigh ist unglücklich, sie lebt, von Geldnöten bedrängt, auf dem Landsitz Six Mile Bottom. Die Geschwister sind in London oft zusammen, Byron genießt die vertraute Nähe eines Menschen, der ihm seine Schwächen und Launen nachsieht, in dem er gleichsam seine Art zu sein gespiegelt findet. Der romantische Künstler, der in schrankenlosem Individualismus der Welt den Stempel seiner Persönlichkeit aufdrücken möchte, findet sein Ich in einem «Doppelgänger» wieder, in Augusta liebt seine egozentrische Natur ihr Ebenbild. Sein erotisches Verlangen kommt ihm erst zu Bewußtsein, als es zu spät ist. Augusta, die in ihrer Ehe wenig Zärtlichkeit gefunden hat, setzt ihrem bewunderten Bruder keinen Widerstand entgegen, ihr einziger Wunsch ist es, ihn glücklich zu machen. Ihn aber reißt das Skandalöse, das Ungeheure fort. Das Inzestverhältnis verschafft ihm eine neue Sensation, ein vertieftes Liebeserlebnis, eine ungewöhnliche, intensive Empfindung, und Empfindung ist ja für ihn das große Ziel seiner Existenz. Am 11. Januar 1814 schreibt er an Lady Melbourne: ... *das Gefühl das mich letzthin ganz ausgefüllt hat, hat einen Beigeschmack vom Schrecklichen, der alle anderen, sogar die Leidenschaft (für die anderen) höchst schal erscheinen läßt* ...[125] Rückblickend sagt er einmal über seine Liebe zu Augusta: ... *diese perverse Leidenschaft war meine tiefste* ...[126] Byron empfindet keine Reue wegen dieser verbotenen Liebe, er erlebt sie als schicksalhaft, als vorbestimmt und unentrinnbar, denn er ist seiner calvinistischen Überzeugung entsprechend der Meinung, daß er dem Teufel *vielleicht schon von Geburt an* angehört habe.[127]

Zur Zeit ihrer größten Vertrautheit schickt Augusta ihrem Halbbruder eine ihrer Locken, begleitet von einem französischen Liebesgedicht. Auf das Einwickelpapier schreibt Byron die verräterischen Worte: *La Chevelure* (das Haar) / *der einen, die ich* / *am meisten liebte*.[128] Die Briefe Augustas aus dieser Zeit sind nicht erhalten, um so beredter aber spricht die Dichtung Byrons von der Liebe zwischen Bruder und Schwester. Im Jahre 1813 entsteht die Verserzählung *Die Braut von Abydos*. Auch in diesem Werk findet sich das Motiv der Geschwisterliebe, später hat der Autor allerdings die beiden Liebenden zu Cousine und Cousin gemacht. Byron verfaßt *Stanzen an Augusta* oder *Epistel an Augusta* (*Ein Seelenpaar, das keine Wandlung kennt* ...[129]), in seinem Drama *Kain* ist Adah Kains

Augusta Leigh, Byrons Halbschwester.
Radierung nach einer Zeichnung von Georg Hayter

Frau und Schwester, und auch Manfred im gleichnamigen Drama liebt seine Schwester Astarte (*Sie glich / In allen Zügen mir* ...[130]).

Augusta erwartet im folgenden Jahr ein Kind, und Byron muß befürchten, daß er der Vater sein könnte. Am 15. April kommt Elizabeth Medora zur Welt; zehn Tage später wird die Freundin Melbourne über diese brisante Neuigkeit informiert: *Oh! aber es ist der Mühe wert, ich kann Ihnen nicht sagen warum, und es ist kein «Affe», und wenn es einer ist, muß es meine Schuld sein; trotzdem werde ich mich bestimmt bessern. Sie werden aber zugeben müssen, daß es völlig unmöglich ist, daß jemand andres mich auch nur halb so gern hat, und ich habe mein ganzes Leben versucht, jemanden dazu zu bringen, mich zu lieben und nie vorher das bekommen, was ich wollte. Aber sie und ich werden ganz bestimmt wieder brav werden, und das alles, und wir sind es jetzt schon und werden es die nächsten drei*

Wochen bleiben, und noch länger.[131] Dieser Brief gibt einige Rätsel auf. Man geht wohl nicht fehl mit der Annahme, daß Byron hier von seiner Beziehung zu seiner Halbschwester, von seiner *tiefsten Liebe* spricht. Was bedeutet aber der Hinweis auf den Affen? Hatte Lady Melbourne in ihrem vorhergehenden Schreiben auf den bekannten Aberglauben angespielt, daß Inzest-Kinder zu Mißgeburten werden? Diese Erklärung hat wohl etwas Einleuchtendes, und so spricht einiges dafür, daß Medora tatsächlich das Kind Byrons war[132], wenn er sich auch merkwürdigerweise später wenig um sie gekümmert hat. Lady Melbourne, die sonst in moralischen Dingen außerordentlich großzügig war, hatte ihren Schützling schon ganz früh sehr energisch vor einem intimen Verhältnis mit seiner Schwester gewarnt: «Wenn Sie sich nicht zurückziehen, sind Sie für immer verloren, es ist ein Verbrechen, für das es in dieser Welt keine Rettung gibt, wie es auch in der nächsten sein mag.»[133]

Im Sommer 1814 ist Augusta noch einmal Gast ihres Bruders in Newstead, aber das Verhältnis zwischen beiden ist problematisch geworden, vor allem auch, weil Byron, vielleicht aus einem halb unbewußten Trieb zur Selbstbestrafung, es nicht lassen kann, immer wieder über diese Beziehung Andeutungen zu machen, wenn er in Gesellschaft ist. Augusta erkennt, daß eine Heirat ihres Bruders die einzige Lösung ist. Eine Frau aus angesehener Familie könnte ihn gesellschaftlich rehabilitieren und ihn zugleich aus seiner finanziellen Misere befreien. Von diesem Gedanken ist Byron zuerst gar nicht begeistert: *... ich habe noch niemand gesehen, der durch die Ehe gewonnen hätte. Alle meine kopulierenden Zeitgenossen sind glatzköpfig und unzufrieden.*[134] Trotzdem ist er schließlich damit einverstanden, daß sich seine Freunde auf die Suche nach einer passenden Ehefrau begeben. Auch Lady Melbourne macht einen Vorschlag, sie hofft, daß Byron ihr Neffe wird. Ihre Nichte, Annabella Milbanke, hatte schon früher sein Interesse gefunden, und Annabella war beeindruckt von der Liebenswürdigkeit und Begeisterungsfähigkeit des berühmten Schriftstellers. Trotzdem waren sich die beiden damals nicht nähergekommen. Jetzt aber ist Byron wild entschlossen zu heiraten. Seiner Vertrauten, Lady Melbourne, erklärt er, er bewundere und achte Miss Milbanke, weil sie eine gescheite und liebenswerte Frau sei. Wichtig ist ihm auch ihre vornehme Geburt und ihr makelloser Ruf.

Annabella ist sorgfältig erzogen worden. Sie ist eine emanzipierte Frau, die sich mit klassischer Literatur, mit Philosophie und besonders mit Mathematik beschäftigt. Byron nennt sie spöttisch *Prinzessin der Parallelogramme*. Eigentlich ist sie genau das, was er sonst bei einer Frau nicht ausstehen kann: ein Blaustrumpf. Ihr Bild zeigt eine anmutige Dame mit kritischen Augen, dunklem Haar, breiter Stirn, runden Wangen und einem spitz zulaufenden Kinn. Hobhouse, der die Lady nicht besonders leiden kann, beschreibt sie in seinem Tagebuch als ziemlich «altmodisch», der untere Teil ihres Gesichts sei «schlecht», der obere ausdrucksvoll, sie sei nicht hübsch, aber «verständig» und «nett», wie er ihr gönnerhaft zugesteht.[135] Byron gibt ganz offen zu, daß er Lady Milbanke keineswegs liebt, aber dieses Defizit scheint ihm unproblematisch zu sein: *Was die Liebe anbelangt,* so schreibt er an Lady Melbourne, *das gibt sich in einer Woche (vorausgesetzt, die Dame besitzt einen vernünftigen Anteil daran); außerdem fährt eine Ehe besser mit Achtung und Vertrauen als mit Romantik* ...[136] Auch Lady Milbanke ist von keiner heftigen Leidenschaft erfaßt, ihr steht Agape näher als Eros. Als gläubiger Mensch hält sie es für ihre Aufgabe, Byron aus einem Leben der Sünde herauszureißen und ihn zurückzuführen auf den Pfad der Rechtschaffenheit. Unter diesen Umständen sind die Aussichten für eine glückliche Ehe nicht gerade rosig, als Byrons Antrag zu seinem Erstaunen angenommen wird. Verzweifelt versucht er noch, seinen Hals aus der Schlinge zu ziehen, die Hochzeit soll, so schlägt er vor, verschoben werden, aber die Familie Milbanke läßt nicht locker, und so findet die Hochzeit am 2. Januar 1815 in Seaham statt.

Byron fehlt es anfänglich nicht am guten Willen. Die Briefe an Annabella zeigen, daß er sich in die Gedankenwelt seiner zukünftigen Frau einfühlen möchte. Da spricht er von *Selbstachtung* und vom *Wohl der anderen* als Ziele seiner Tätigkeit und von seiner Dankbarkeit, ... *daß die Wildheit meiner Vorstellungen mich nicht ganz daran hinderte, den Pfad des Friedens wieder zu erreichen*[137]. Die vertraute Seelenfreundin aber läßt er fünf Tage nach der Hochzeit wissen: *Ich habe am gleichen Tag eine Frau und eine Erkältung bekommen, bin aber die letztere ziemlich schnell wieder losgeworden.*[138] Er nennt seine Frau *Pip*, sie nennt ihn, vielleicht in Anspielung auf seinen Gang, «Ente», aber seinen Freunden gegenüber spricht er nicht vom Honigmond, sondern vom *Sirupmond*[139].

Nach der Heirat bezieht das junge Paar ein viel zu pompöses Haus in Piccadilly Terrace Nr. 13. Man hält zwei Wagen und läßt sich von zahlreichen Domestiken bedienen. Prompt stellen sich Geldschwierigkeiten ein. Zu seiner Enttäuschung entdeckt Byron, daß er keine reiche Erbin geheiratet hat; Sir Ralph, sein Schwiegervater, ist selbst hochverschuldet. Jetzt werden Byrons Gläubiger aktiv, in zehn Monaten kommt zehnmal der Gerichtsvollzieher ins Haus, sogar die Betten werden gepfändet. Byron ist fast wahnsinnig vor ohnmächtigem Zorn. Seine Laune ist dementsprechend, er trinkt unmäßig, nimmt viel Opium gegen sein Leberleiden und behandelt seine Frau grob und taktlos. Einmal wirft er in einem Wutanfall den Kanarienvogel samt Käfig aus dem Fenster und eine wertvolle goldene Uhr ins Kaminfeuer; gelegentlich schießt er mit seiner Pistole in die Zimmerdecke des Schlafzimmers. Noch schlimmer ist es für seine Frau, daß er sich in dunklen Andeutungen ergeht über ein unsägliches Verbrechen, das er begangen habe.

Byron hat eine bizarre Vorliebe für Mystifikationen, man weiß nie, wieviel man von seinen Erzählungen glauben soll. Genau so verrucht und teuflisch wie sein *Korsar* oder wenigstens wie *Childe Harold* möchte er

Annabella Milbanke, die spätere Lady Byron. Anonyme Radierung

seiner Umwelt erscheinen; es ist eine Art umgekehrter Heuchelei. Seine Freunde wissen das und unterdrücken ein Lächeln, wenn er solche mysteriösen Anspielungen macht, die er offensichtlich zu seiner Selbststilisierung braucht. Der lebenskluge Walter Scott durchschaut dieses Spiel und bemerkt trocken: «Ich glaube das Ganze war das spielerische Produkt einer wilden und mächtigen Phantasie.»[140] Aber Annabella versteht es nicht, daß ihr Mann Freude daran hat, sich durch moralische Maskeraden vor den Menschen zu verbergen und sie irrezuführen. Sie nimmt jede Andeutung bitter ernst.

Die Situation wird noch unerträglicher, als Annabella den unglücklichen Einfall hat, Augusta in ihr Haus einzuladen. Bruder und Schwester zeigen offen, daß sie sich immer noch sehr gut verstehen. Nach einigen Monaten muß der noble Haushalt aufgelöst werden. Am 3. Januar 1816 befiehlt Byron seiner Frau gebieterisch, sie solle mit der Tochter Ada in ihr Elternhaus nach Wentworth in Leicestershire zurückkehren, er wolle nach Auflösung des Haushalts nachfolgen. Beim Abschied soll Byron in Anwesenheit von Augusta, «der Partnerin seiner Sünden», ironisch gefragt haben: *Wann treffen wir drei wieder zusammen?* Darauf habe Lady Byron geantwortet: «Im Himmel, das hoffe ich fest.»[141] Diese Bemerkung hätte Byron stutzig machen sollen. Noch verblüffter wäre er gewesen, hätte er damals schon gewußt, daß ihn seine Frau durch den Arzt Dr. Francis le Mann auf seinen geistigen Gesundheitszustand untersuchen ließ. Ist er vielleicht verrückt geworden durch sein unmäßiges Trinken, seine beständigen Geldsorgen und seine Gewissensbisse? Liegt hier die Erklärung für seine maßlosen Wutausbrüche? Doch der Arzt konnte keine Geisteskrankheit feststellen, nur «eine Reizbarkeit seines Temperaments ... (die vielleicht auf der unregelmäßigen Tätigkeit der Leber beruht)»[142]. Da beschließt Annabella Milbanke, ihren Mann auf immer zu verlassen. Sie hätte sich moralisch verpflichtet gefühlt, bei dem Kranken auszuharren, aber da sie nun weiß, daß Byron nicht krank, sondern nur unheilbar schlecht ist, fühlt sie sich berechtigt, sich von ihm zu trennen. Darin wird sie auch von ihren Eltern bestärkt, denen sie von den Brutalitäten ihres Mannes erzählt hat. Der völlig überraschte Ehemann ist verzweifelt; er versucht zu retten, was noch zu retten ist, und schreibt einen beschwörenden Brief an seine Frau: *Liebste Bell – noch keine Antwort von Dir – aber vielleicht ist es gut so – nur denke daran, daß alles auf dem Spiel steht – die Gegenwart – die Zukunft und sogar die Färbung der Vergangenheit. Meine Fehler – oder welch härteren Namen Du ihnen geben willst – kennst Du; aber ich liebte Dich und werde mich nicht von Dir trennen ohne Deine ausdrückliche und ausgedrückte Weigerung zu mir zurückzukehren oder mich zu empfangen. Sag nur das Wort – daß Du im Herzen noch die Meine bist ...*[143] Doch Annabella bleibt unerbittlich, der Abschied ist endgültig, die beiden haben sich nie mehr wiedergesehen.

Die Byron-Biographen haben sich viele Gedanken gemacht, warum diese Ehe scheiterte. Manche Forscher warten auch heute noch auf die vollständige Freigabe der sogenannten Lovelace-Papiere, die über diese Frage genauere Auskunft geben könnten.[144] Das vorliegende Material aber reicht wohl aus für die simple Feststellung: Byron ist aus Leichtsinn und Berechnung in eine Ehe hineingeschlittert mit einer Frau, die mit ihrer Ernsthaftigkeit und mit ihren strengen sittlichen Grundsätzen überhaupt nicht zu ihm, dem impulsiven, freiheitsliebenden Künstler paßte.

Trotzdem trifft ihn die endgültige Trennung schwer: *... die Trennung hat ... mir das Herz gebrochen. Es ist mir zumut, als ob ein Elefant darauf herumgetrampelt wäre ...*[145] In seiner Lyrik verschafft er sich ein Ventil für seinen Haß auf Annabella, sie sei *unversöhnlich* und herzlos, sie habe

Augusta Ada Byron. Radierung von W. H. Mote

ihn schnöde verschmäht, ihr Lob sei auf fremdes Leid gestützt.[146] Als er hört, daß sie krank ist, stößt er Triumphschreie aus: *Zu gut bin ich gerächt, mit Unrecht nicht!*[147] Seine Gordonsche Maßlosigkeit verleitet ihn zu ungeheuren, rachsüchtigen Drohungen, für ihn wird seine Frau zum höllischen Feind, *... dessen Vernichtung ich noch erleben werde. Meinst Du denn, daß ich ruhen werde, solange einer ihrer Zweige noch nicht verdorrt ist? Meinst Du denn, daß ich mich abwenden werde, bevor sie nicht zertreten sind?*[148]

Inzwischen ist Byrons gescheiterte Ehe das Tagesgespräch der Londoner Gesellschaft geworden. Caroline Lamb tut das ihr Mögliche, um gegen ihren ehemaligen Liebhaber Stimmung zu machen. Die Inzestgeschichte macht die Runde, Hinweise auf Byrons homosexuelle Beziehungen geben dem Klatsch neue Nahrung. Übermäßige Wortkargheit gehört nicht zu den Fehlern Byrons, er selbst kann der Versuchung gewöhnlich nicht widerstehen, im vertrauten Kreis pikante Geschichten aus seinem Leben zu erzählen. In der Tory-Presse erscheinen Angriffe gegen ihn, man vergleicht ihn mit verschiedenen *Respektspersonen*, wie er grim-

Dr. John William Polidori

Byron verläßt England. Karikatur von I. R. Cruikshank

mig feststellt, zum Beispiel mit Nero, Apicius, Caligula, Heinrich VIII., Heliogabal.[149]

Die gutherzige Lady Jersey lädt Byron und Augusta zu sich ein, um sie gesellschaftlich zu rehabilitieren. Als die Geschwister den Saal betreten, verlassen die Damen der Londoner Gesellschaft fluchtartig den Raum. Byron steht allein am Kamin, die Gastgeberin macht krampfhaft Konversation, um die Situation zu retten. Nur eine kleine, rothaarige Kokotte kommt auf ihn zu und versucht ihn zu trösten.[150] Die soziale Ächtung ist vollkommen. Es scheint nur einen Ausweg zu geben, die rasche Flucht aus England. Byron beschließt, Dr. Polidori, einen jungen Arzt, Rushton Fletcher und einen Schweizer Diener mit auf die Reise zu nehmen. Am 23. April 1816 macht sich die Reisegruppe auf nach Dover. Die ganze Stadt ist in Aufregung, angeblich sollen sich adlige Damen als Kammermädchen verkleidet haben, um das vom Sockel gestürzte Denkmal noch einmal ganz aus der Nähe zu besichtigen. Endlich, am übernächsten Tag, treibt ein günstiger Wind ihr Schiff aus dem Hafen. Am Kai steht Hobhouse und winkt, bis das Schiff außer Sichtweite ist.

«Wenn man sein Heimatland entschwinden sieht.» [151]

Mit einem Gefühl der Erleichterung sieht Byron die Kreidefelsen von Dover am Horizont versinken; ein neuer Lebensabschnitt liegt vor ihm, und er ist bereit für neue Erfahrungen, die ihn die Leiden und Demütigungen der Vergangenheit vergessen lassen. Sie landen in Ostende und wollen weiter reisen durch Belgien. Es war ihnen nicht erlaubt worden, durch Frankreich zu reisen, denn Byrons Verachtung der Restauration ist allgemein bekannt, er hat es sich angewöhnt, Ludwig XVIII. *Ludwig den Gichtbrüchigen* zu nennen. Man besucht das Schlachtfeld von Waterloo, stumm reitet Byron über das weite Feld. Ist der Tod so vieler junger Menschen nicht sinnlos gewesen? Wann ist die Anwendung kriegerischer Gewalt sittlich gerechtfertigt? Weiter geht die Fahrt in der großen, dunkelgrünen Kutsche, die er nach dem Modell der napoleonischen Kutsche für 500 Pfund anfertigen ließ, durch das burgenreiche Rheintal, an Weinbergen entlang, durch ein fruchtbares Land, das er später im zehnten Gesang des *Don Juan* mit großer Eloquenz beschreiben wird. Die Reisenden überqueren den Jura, am 25. Mai erreichen sie Sécheron bei Genf. Dort erwartet sie Shelley mit seiner Freundin Mary Wollstonecraft Godwin, der Verfasserin des Schauerromans «Frankenstein». Auch Marys Halbschwester Claire Clairmont hat auf Byron gewartet, den sie mit ihrer aufdringlichen Liebe verfolgt.

Percy Bysshe Shelley hat in England Frau und Kinder, aber die Ehe ist für ihn ebenso wie alle anderen Verträge, wie alle Gesetze und Staatsformen, bloße Konvention. Er anerkennt nur die Natur. Alles ist für ihn gut, das Schöne ist identisch mit dem Guten, das All wird regiert durch das Gesetz der Liebe. In seinen pantheistischen Vorstellungen ist kein Platz für Gott. «Es gibt keinen Gott», heißt es in seiner Dichtung «Queen Mab» (1813). Politisch wendet er sich gegen jede Form der Unterdrückung, sein utopisches Ziel ist die Schaffung einer großen Gemeinschaft aller Menschen unter Aufhebung des Privateigentums. Als die beiden Dichter zum erstenmal zusammentreffen, ist Shelley 23 Jahre alt, groß und hager. Er ist ein gutherziger und selbstloser Mensch, voller Phantasie und Sensibilität und von umfassender Bildung. Tagelang ist er so eifrig in seine Bücher vertieft, daß er häufig seine kargen Mahlzeiten vergißt und angeblich unterwegs manchmal über sein eigenes Kind stolpert, ohne es zu erkennen.

Byron nennt seinen Freund scherzhaft *Schlange* (weil er sich geräuschlos bewege und dünn sei). Er weiß genau, daß er Shelley in der Diskussion unterlegen ist, deshalb pflegt er die Debatte oft mit einem Witz abzubrechen, «denn Shelley war, was Byron nicht sein konnte, ein genauer und feinsinniger logischer Kopf»[152]. Trotz dieser Unterschiede ist das Verhältnis zwischen beiden ungetrübt. In langen nächtlichen Gesprächen entwickeln Byron und Shelley ihre verschiedenen Weltanschauungen. In Byrons Verserzählung *Childe Harold*, die im übrigen wie das ganze Werk des Dichters aus eigenem Wuchs ist und nur wenige Einflüsse durch zeitgenössische Schriftsteller zeigt, spiegelt sich in manchen Versen die Shelleysche Selbstentäußerung, die Sehnsucht nach der Auflösung des Ichs in

Percy Bysshe Shelley. Gemälde von Amelia Curran

Schloß Chillon am Genfer See

der Alleinheit der Natur: ... *ich werde / Ein Teil der Welt umher. Gebirg und Flur / Sind mir Gefühl ...*[153]

Byron mietet die Villa Diodati, hoch über dem Spiegel des Genfer Sees, den er als *See der Schönheit* preist.[154] Gemeinsam ist beiden Freunden die geradezu fanatische Liebe zum Wasser. Nach dem Vorbild des bewunderten Rousseau entdecken sie mit dem Segelboot die Stätten, die vor ihnen Julie und Saint Preux, die Hauptfiguren in Rousseaus Roman «Die neue Heloise», aufgesucht hatten. Am Ende des Sees liegt das Schloß Chillon. Dort schmachtete Francis Bonivard vier Jahre lang in einem dunklen Verlies, weil er den Zorn des Herzogs von Savoyen herausgefordert hatte. Angeregt von diesem Ort und seiner bewegenden Geschichte, verfaßt Byron sozusagen auf der Stelle, innerhalb von zwei Tagen, eines seiner volkstümlichsten Gedichte, *Der Gefangene von Chillon*.

Am 18. August erhalten die Freunde Besuch in Diodati von Matthew Gregory Lewis. Er liest ihnen aus Goethes «Faust» vor, den er während des Lesens ins Englische übersetzt. Trotz dieser dürftigen Vermittlung ist Byron von der Dichtung gefesselt, Goethes Drama hat deutliche Spuren in seinem Werk hinterlassen. Einige Wochen später kommt Freund Hobhouse aus England; man beschließt, eine Hochgebirgstour ins Berner Oberland zu unternehmen. Für Augusta hat Byron seine Erlebnisse im

Villa Diodati

Paradies der Wildnis aufgeschrieben. *Bevor wir den Berg erstiegen, ging ich noch einmal zum Wasserfall (7^h morgens); die Sonne bildete auf seinem unteren Teil einen Regenbogen mit allen Farben, aber hauptsächlich aus Purpur und Gold; der Regenbogen bewegt sich, wenn du dich bewegst, niemals sah ich etwas Ähnliches. Erkletterte die Wengern Alp, mittags erreichte ich eine Talsenke auf dem Gipfel, ließ die Pferde zurück, zog die Jacke aus und ging bis zum Gipfel, 7000 Fuß (englische Fuß) über Meereshöhe und ungefähr 5000 Fuß über dem Tal, das wir morgens verließen.*[155]
Diese Schilderungen sind Vorstudien für Byrons erstes Drama *Manfred*, das in einer wilden Gebirgsregion spielt. Eigentlich ist dieses Werk ein umfangreiches lyrisches Gedicht, in dem verschiedene Stimmen zu Wort kommen; auf bühnengerechte dramatische Form nimmt der Autor mit Absicht keinerlei Rücksicht.[156] Manfred ist der letzte in der Reihe der typischen Byron-Helden, auch er hat durch eine verbotene Liebe schwere Schuld auf sich geladen. Ähnlich wie Faust beschwört er zuerst gute, dann auch unheilbringende Geister, die ihm helfen sollen, sein heißersehntes Ziel zu erreichen. Aber dieses Ziel ist nicht wie bei Faust das nie gestillte Erkenntnisstreben, sondern das Vergessen, die Befreiung vom eigenen Ich.

Der Aufenthalt in der Schweiz neigt sich seinem Ende zu. Am 5. Oktober 1816 brechen Byron und Hobhouse von Diodati nach Italien auf. Sie

Byron mit Marianna Segati

verabschieden sich von Madame de Staël, die Byron oft in ihrer Villa in Coppet besuchte. Die mit sechs Pferden bespannte Kutsche holpert schwankend über den Simplonpaß. Zur Vorsicht haben sie bissige Hunde und Waffen mitgenommen, denn durch die Gegend streifen Räuberbanden. Sie machen Zwischenstation in Mailand, wo er Henri Beyle, der sich Stendhal nennt, kennenlernt, und erreichen im Spätherbst Venedig, *das grünste Eiland meiner Phantasie*[157]. Italien ist für den Dichter *das zweite Paradies*, er preist seine *Goldenen Auen* und nennt dieses Land die *Heimat der Helden*.[158] Von allen italienischen Städten aber liebt er besonders Venedig. Er bewundert die geschichtsträchtigen Paläste und die ehrwürdigen Kirchen, die sich im brackigen Wasser der Kanäle spiegeln, er genießt den poetischen Glanz der vom Untergang bedrohten Stadt. *Es ist einer von den Orten, die man kennt, bevor man sie sieht, und hat mich – nach dem Osten – immer am meisten gelockt. Ich mag die düstere Fröhlichkeit der Gondeln und das Schweigen über den Kanälen. Mir mißfällt nicht einmal der augenscheinliche Verfall der Stadt* ...[159] In der Frezzeria, einer winkeligen Gasse zwischen Markusplatz und S. Moise, findet sich eine Wohnung bei einem Tuchhändler, dessen Ladenschild «Al Corno» (zum Horn) für ihn selbst bald eine tiefere Bedeutung gewinnen wird, denn Seine Lordschaft kümmert sich intensiv um seine schöne Gattin Marianna Segati, die als recht liebeshungrig gilt. Der Tuchhändler sieht freundlich zu, wie Marianna ihren Hunger stillt und wie ihm selbst Hörner aufgesetzt werden. Die neue Geliebte ist *hübsch wie eine Antilope*[160], hat eine angenehme Stimme und viel Mutterwitz. Nach einem Jahr aber muß sie ihren Platz räumen, eine andere Antilope erweist sich als noch attraktiver. Margherita Cogni, genannt Fornarina, weil sie die Frau eines Bäckers ist, hat leuchtende schwarze Augen, ist groß und stark wie eine Juno, witzig und schlagfertig, leidenschaftlich, unberechenbar und sehr eifersüchtig.

Byron um 1817. Gemälde von Vincenzo Cammuccini

Margherita Cogni. Radierung von H. T. Ryall nach G. H. Harlow

Inzwischen ist Byron von der Frezzeria in den Palast Mocenigo am Canal Grande umgesiedelt; die Fornarina, die an ihm hängt wie eine Klette, ist natürlich mit umgezogen und regiert das chaotische Hauswesen mit despotischer Hand. Die Gelage und Feste in dem alten Palast sind der Gesprächsstoff der venezianischen Gesellschaft. Bald wird Byron auch in Italien zu den bekanntesten Persönlichkeiten gehören; wo er auch hinkommt, bricht das Byronfieber aus.

Sein sexueller Appetit scheint beträchtlich zu sein, wenn er auch in seinen Briefen an die Freunde in England vielleicht etwas dick aufträgt, um seine Männlichkeit ins rechte Licht zu rücken. Stolz berichtet er von 21 Frauen, die er *gehabt* habe: *Einige von ihnen sind Gräfinnen und einige von ihnen sind Schustersfrauen; einige mittel, einige niedrig und alle Huren ... Ich habe sie alle gehabt und dreimal so viele obendrein seit 1817.*[161] Als wolle er ein wirksames Antidotum gegen seine Melancholie und seinen

Lebensekel finden, von dem er immer wieder spricht, stürzt er sich in den venezianischen Karneval. So sehr erschöpfen ihn die Genüsse, daß er regelmäßig nach Aschermittwoch das Bett hüten muß. Bekannte aus England, die ihn in Venedig besuchen, berichten, der dreißigjährige Byron sehe aus wie ein Vierzigjähriger. Sein Gesicht ist blaß und aufgedunsen, er ist sehr dick geworden, an den Knöcheln seiner Hände hat er Fettpolster. Dieser unvorteilhaften Veränderung ist er sich durchaus bewußt: *Meine persönlichen Reize haben keineswegs zugenommen; meine Haare sind zur Hälfte grau, und die Krähenfüße waren recht verschwenderisch mit ihren untilgbaren Schritten. Mein Haar, wenn auch noch nicht verschwunden, scheint es doch bald zu sein, und meine Zähne bleiben nur aus Höflichkeit; aber ich nehme an, daß sie folgen werden, sie sind zu gut, um vorzuhalten.*[162] Narziß ist unglücklich über sein Spiegelbild, er fühlt sich *wie sechzig*, alt und verbraucht; die verzweifelte Anstrengung, den Rest seiner Jugend festzuhalten, ist gescheitert.

Erstaunlich aber ist, daß Byron gerade in dieser Zeit der wahllosen Vergnügungen, amouröser und bacchantischer Strapazen poetisch außerordentlich produktiv ist. In den Jahren 1816 und 1817 entstehen folgende Werke: *Manfred, Tassos Klage,* der vierte Gesang von *Childe Harold* und

Palazzo Mocenigo am Canal Grande in Venedig

Beppo. Mit diesem komischen Heldengedicht erreicht Byron eine neue Stufe in seiner Entwicklung als Versepiker. Verschwunden ist die Gestalt des melancholisch-schönen Edelräubers, die große romantische Gebärde ist aufgegeben. Gewandt und witzig wird hier eine typisch venezianische Geschichte mit realistischen Zügen erzählt. Sie handelt von der überraschenden Wiederkehr eines totgeglaubten Gatten zu seiner Frau, die sich in der Zwischenzeit einen Geliebten genommen hat. Die Reimtechnik ist virtuos, der Stil ist elegant, lässig, urban, und mit gebotener Selbstironie persifliert der Autor augenzwinkernd die doppelte Moral einer genußsüchtigen Gesellschaft, der er sich selbst zugehörig fühlt. Von diesem Werk mit seiner neuen Tonart führt eine direkte Verbindung zu Byrons opus magnum, der großen Verssatire *Don Juan*, die im Jahre 1817 begonnen wird ... Ein Jahr später legt er der Öffentlichkeit seine *Ode an Venedig* vor; das Versepos *Mazeppa* entsteht im Herbst des gleichen Jahres. Nicht nur in seiner Dichtung erreicht er in dieser Zeit eine neue Stufe, auch sein Leben erhält eine Wendung durch die Begegnung mit einer bemerkenswerten Frau, die er in einer Gesellschaft der Gräfin Abrizzi kennenlernt. Teresa Guiccioli ist die Gattin eines ältlichen Grafen, mit dem sie eine konventionelle Ehe führt. Die Bilder, die von der jungen Gräfin erhalten sind, zeigen ein feingeschnittenes, ausdrucksvolles Gesicht, eingerahmt von dichten Locken, ihre Haut wird als makellos beschrieben, mit großen, blauen Augen sieht sie in die Welt. Sie hat eine verhältnismäßig moderne Erziehung genossen, kennt sich in literarischen und politischen Dingen aus, ohne ein Blaustrumpf zu sein, versteht es, interessante Gespräche zu führen und versucht sich selbst hin und wieder in der Poesie. Byron ist bereit für eine neue Liebe; er nützt die Gelegenheit, der schönen Gräfin ein Billett zuzustecken, auch sie entdeckt ihre Gefühle für den interessanten englischen Lord, der sich inzwischen wieder schlankgehungert hat, und bald treffen sich die Verliebten täglich. Die Beziehung zu Teresa ist keine spielerische amouröse Liaison, zwischen beiden entwickelt sich eine herzliche Zuneigung und leidenschaftliche Liebe. *Seit einigen Jahren habe ich systematisch versucht, starke Leidenschaften zu vermeiden, weil ich schon viel unter der Tyrannei der Liebe gelitten habe. Nil admirari – und mich zu vergnügen, ohne dem Vergnügen selbst zu große Bedeutung beizumessen – den menschlichen Dingen Gleichgültigkeit zu zeigen – vieles zu verachten, nichts zu hassen – das war die Grundlage meiner Philosophie. Ich habe nicht geglaubt, noch einmal zu lieben, und nicht gehofft, noch Liebe zu empfangen. Aber jetzt hast Du alle meine Vorsätze umgeworfen – jetzt gehöre ich ganz Dir – und werde, was Du willst – vielleicht glücklich sein in Deiner Liebe, aber meinen Frieden nie mehr finden. Du hättest mein Herz nicht wieder aufwecken sollen* ...[163] Der geliebten Schwester Augusta gegenüber stellt er seine neue Liebe allerdings etwas anders dar. Um ihre Gefühle zu schonen, versucht er sein Verhältnis zu Teresa herunterzuspielen. Es klingt recht kritisch,

Lord Byron, 1820. Radierung von E. Scriven nach G. H. Harlow

was er über die Geliebte zu sagen weiß: *Sie ist hübsch – sehr kokett – ungewöhnlich eitel – übertrieben affektiert – gescheit – ohne die mindesten Prinzipien – mit einem gut Teil Phantasie und etwas Leidenschaft ... Du kannst Dir die Achtung vorstellen, die ich für sie habe.*[164] Sicher kann sich Augusta die Gefühle ihres Bruders gut vorstellen, vor allem dann, als sie erfährt, daß Byron dem Ehepaar Guiccioli nach Ravenna nachgereist ist.

Das problematische Verhältnis zwischen den drei Menschen in Ravenna wird erträglich durch eine soziale Einrichtung, die in Italien eine lange Tradition hat. Es gilt als durchaus honorig für eine verheiratete Dame, wenn sie neben ihrem Ehemann noch einen ständigen Liebhaber hat, den «cavalier servente». Für diesen Vize-Ehemann ist das Wort der Angebeteten einziges Gesetz; er muß für Wagen, Diener, Gondeln sorgen, er trägt

Fächer und Pelzkragen, Schal und Handschuhe der Dame. Es ist allerdings fraglich, ob Graf Guiccioli, der alte Haudegen, gute Miene zu diesem altbekannten Spiel machen wird. Byron muß befürchten, daß eines Tages ein Stilett in seine Brust gestoßen wird ... *die Liebe hat ihre Märtyrer wie die Religion ...*[165], bemerkt er gelassen. Unverständlicherweise wird Byron eingeladen, im Palast der Familie Guiccioli zu wohnen. In den folgenden Wochen spielen Byron und Teresa ein Spiel mit hohem Einsatz. Zur Siestazeit lieben sie sich im großen Salon, der verriegelt werden kann. Mit Hilfe eines Priesters, eines Negerjungen und einer Freundin kann die gefährliche Liebschaft eine Zeitlang verheimlicht werden. ... *diese Augenblicke – köstlich – gefährlich – aber beglückend ... nicht allein wegen des mehr als ekstatischen Genusses, den Du mir gabst, sondern wegen der Gefahr ...*[166] Eines Tages aber vergessen sie über dem ekstatischen Genuß die Gefahr und versäumen es, die verriegelten Türen des Salons rechtzeitig wieder zu öffnen. Es ist wie in einer Boulevard-Komödie, der Graf kommt völlig überraschend zurück und kann nicht in seinen eigenen Salon, ... *so daß er seine Hörner gegen die Tür seines eigenen Wohnzimmers stieß.*[167] Wider Erwarten begnügt sich der betrogene Ehemann damit, daß er Byron bittet, er möge ihm die Würde eines britischen Konsuls verschaffen.

Obwohl er sich inzwischen an seine Rolle als cavalier servente gewöhnt hat, träumt Byron doch noch manchmal von seiner Freiheit. *Aber ich bin mir bewußt ... daß ein Mann sein Leben nicht an der Seite und am Busen einer Frau, und einer Ausländerin, hinbringen sollte; daß sogar die Belohnung, und sie ist hoch, nicht genug ist, und daß dieses cicisbeische Dasein zu verdammen ist. Aber ich besitze weder die Kraft des Geistes, noch den Mangel an Gefühl, der ihren Druck abschwächen würde. Ich kann nicht sagen, was aus mir werden wird – zu verlassen, oder verlassen zu werden, würde mich gegenwärtig ganz um den Verstand bringen; und doch, wohin habe ich mich gebracht?*[168] Soll er sich vielleicht eine neue Existenz in Amerika aufbauen? Vielleicht als Plantagen- oder Minenbesitzer? Oder wäre es besser, endlich nach England, seinem Heimatland zurückzukehren? Vorläufig wird er in Ravenna bleiben, denn er kann sich zu keiner klaren Entscheidung durchringen. Nachdem dort Spottverse umlaufen, die den Grafen Guiccioli als Hahnrei lächerlich machen, wird die Ehe durch päpstliches Dekret aufgelöst, Teresa zieht sich in das Landhaus ihrer Familie nach Filetto zurück. Byron aber hat die Nerven, weiterhin im Palast Guiccioli zu wohnen. Shelley, der den Freund dort besuchte, gibt ein anschauliches Bild von den damaligen Lebensumständen des Dichters. Die Tageseinteilung, die Byron liebt, sieht so aus: um 2 Uhr nachmittags steht man auf, dann unterhalten sich die beiden Freunde bis gegen 6 Uhr, von 6–8 findet ein Ausritt durch die nahegelegenen Pinienwälder statt, dann essen sie und sprechen miteinander bis sechs Uhr morgens. Byrons Haushalt gleicht einer Menagerie: acht riesige Hunde,

Teresa Guiccioli. Zeichnung von Count d'Orsay

drei Affen, fünf Katzen, ein Adler, eine Krähe, ein Falke, fünf Pfauen, zwei Perlhühner, ein ägyptischer Kranich toben und lärmen durch das Haus.

Das geruhsame Leben in Ravenna wird plötzlich gestört, an den Mauern der Stadt erscheinen Parolen wie «Hoch die Republik!», «Nieder mit dem Papst!» Ravenna wurde damals durch die päpstliche Regierung beherrscht, die mit der österreichischen Besatzungsmacht eng zusammenarbeitete. Auf dem Wiener Kongreß hatte Habsburg seine an Napoleon verlorenen Provinzen zurückgewonnen, es besaß jetzt die Lombardei und Venetien. Die nord- und mittelitalienischen Fürstentümer Parma, Modena, Toskana besetzte es mit den nachgeborenen Söhnen des Hauses Habsburg (Sekundogenituren). Die Franzosen hatten revolutionäre Ideen vermittelt und die Italiener mit fortschrittlicher Gesetzgebung und Verwaltung bekanntgemacht. Die Österreicher schafften den Code Napoléon ab, erhöhten die Steuern und führten die Folter wieder ein. Ein feinmaschiges Agentennetz kontrollierte politisch Verdächtige. Die Geheimpolizei beschattet auch den englischen Lord, dessen liberale Einstellung bekannt ist und dem man subversive Aktivitäten durchaus zutraut. Kleine Spitzel fragen seine Diener aus, sie erkundigen sich auch in den vornehmen Kreisen, in denen er verkehrt, und sind vollauf damit beschäftigt, Verdacht zu schöpfen. Allerdings erzählt man sich, daß Metternich, der Byron «den glänzendsten Kometen der Poesie der Gegenwart» nennt und der Teile von *Childe Harold* auf englisch vorzutragen liebt, jedesmal den Namen Byron aus den Akten seiner Geheimpolizei tilgt, bevor sie dem Kaiser vorgelegt werden. Byron ist voller Haß auf die Besatzungsmacht. Die Österreicher, *die den Namen Deutsche nicht verdienen*, sind *Hunnen, Rohlinge*, und er gibt sich der menschenfreundlichen Hoffnung hin, daß das Volk Italiens das Land in naher Zukunft mit ihren Leichen

Casa Lanfranchi am Ufer des Arno in Pisa.
Radierung von O. F. M. Ward

Fürst Metternich

düngen wird.[169] Im Grunde seines Herzens ist Byron allerdings kein Revolutionär, dazu fühlt er sich viel zu sehr als Angehöriger des Adels; aber es gibt Verhältnisse und Bedingungen, so meint er, die eine Revolution rechtfertigen: *Nur leider, Revolution allein / Kann von der Höllenfäulnis uns befrein.*[170] Das Selbstbestimmungsrecht der Völker ist für ihn ein elementares Menschenrecht. Freiheit bedeutet in erster Linie die Freiheit eines Volkes von Unterdrückung durch landfremde Eindringlinge, Freiheit ist ... *die Mutter der wenigen Tugenden, die zur menschlichen Natur gehören.*[171]

Nach der Konferenz von Aix-la-Chapelle im Jahre 1818 war es klar geworden, daß die unterdrückten Völker weder von Castlereagh noch von Metternich, die strikt das Prinzip der Legitimität vertraten, irgendwelches Entgegenkommen erwarten konnten. In Italien führt die allgemeine Unzufriedenheit zur Bildung von verschiedenen revolutionären

Allegra, Byrons Tochter mit Claire Clairmont. Miniatur

Geheimbünden. Teresas Vater, Ruggiero Gamba, der sich schon früher als jakobinischer Kommandant der Nationalgarde ausgezeichnet hat, und ihr Bruder, der neunzehnjährige Pietro, unterstützen diese Freiheitsbewegung.

Angesteckt von der weitverbreiteten nationalen Begeisterung schließt sich Byron dem Geheimbund der sogenannten «Carbonari» (Köhler) an. Die Carbonari sind über ganz Italien verstreut; 1820 hat der Bund allein in der Romagna 15000 Mitglieder. Ihr oberster Herr ist Christus, ihr Schutzheiliger der heilige Theobald von Brie, der im 11. Jahrhundert in den Wäldern Schwabens gelebt haben soll. Nach ihrer mystischen Auffassung ist die ganze Welt ein großer Wald, der von den «Wölfen», das heißt den Tyrannen befreit werden muß. Ihre Farben sind schwarz (Kohle), blau (Rauch), rot (Feuer); sie sollen Glaube, Hoffnung, Liebe symbolisieren. Auch die Aufnahmezeremonie entspricht dem Stil eines höheren Indianerspiels. Der Neuling wird mit verbundenen Augen in die Versammlung geführt, er muß seine rechte Hand auf einen Dolch legen und das folgende Gelöbnis sprechen: «Wenn ich meinen Eid breche, laßt meinen Körper in Stücke zerreißen und meine Asche in alle Winde streuen, sodaß mein Name anderen guten Brüdern zur Warnung dienen möge.»[172] Bedauerlicherweise lassen sich die Österreicher von diesem furchtbaren Eid aber wenig beeindrucken. Als «General» Pepe, der Anführer der Neapolitaner, seinen zusammengewürfelten Haufen von 74000 Mann gegen die Feinde führt, wird er in der Ebene von Riete entscheidend geschlagen. Eine unmittelbare Folge dieses Ereignisses ist es, daß alle Liberalen von der klerikalen Partei aus Ravenna verbannt werden; auch Byron zieht mit den verbannten Gambas nach Pisa.

Wieder hat er keine Gelegenheit gefunden, eine große politische oder militärische Tat zu vollbringen. Statt dessen kann er eine ganze Reihe dichterischer Werke vorlegen, die alle in diesen unruhigen Jahren 1820 und 1821 entstanden sind.

Die historische Tragödie *Marino Faliero* ist streng konturiert, der klassische Aufbau in fünf Akten und der konsequent durchgehaltene Blankvers tragen zur Objektivierung des leidenschaftlichen Historiengemäldes

Graf Pietro Gamba. Zeichnung von Count d'Orsay

bei. Im Mittelpunkt der Handlung steht der Doge von Venedig, der eine persönliche Beleidigung mit unverhältnismäßiger Strenge rächt, indem er sich dazu hinreißen läßt, sich an einer Rebellion gegen den Staat zu beteiligen.[173] Ein anderes historisches Drama aus dieser Zeit ist die Tragödie *Die beiden Foscari*, ebenfalls ein venezianisches Stück. Es handelt von einem alten Dogen, der im Konflikt zwischen Regentenpflicht und Vaterliebe seinen Sohn der Staatsraison opfert. Im Gegensatz zum vorhergehenden revolutionären Drama geht es hier um Staatserhaltung, um die Verteidigung der gesetzmäßigen Ordnung.[174] Eine andere dramatische Arbeit ist *Sardanapal*, ein regelmäßig gebautes Drama im klassischen Stil. Sardanapal ist der griechische Name des assyrischen Königs Assurbanipal. Das historische Vorbild gibt Byron Gelegenheit, seine Lieblingsideen und seine persönlichen Wertvorstellungen darzulegen. Der assyrische König wird als moderne, problematische Gestalt gezeichnet, die Lebensgenuß, Pazifismus, Agnostizismus und Dandytum vertritt. Obwohl Sardanapal ein verwöhnter Ästhet ist, zeigt er sich doch als mutiger Krieger, der sich am Ende in heroischer Größe zusammen mit seiner Geliebten, der griechischen Sklavin Myrrha, auf einem Scheiterhaufen selbst verbrennt, um den eindringenden Feinden nicht in die Hände zu fallen.[175] Schon während der Arbeit an diesem Drama hat sich Byron mit einem religiösen Stoff beschäftigt, mit Kains Brudermord, wie er im 1. Buch Mose im 4. Kapitel geschildert wird. Das Ergebnis seiner Studien ist das *Mysterium Kain*. Ganz offensichtlich gehört dieses Stück wie *Manfred* zum Typ des Lesedramas. Es zeigt deutlich den Einfluß Goethes, Salomon Geßners («Tod Abels»), vor allem aber Miltons. Die Gestalt Luzifers steht im Vordergrund, aber anders als bei Milton ist Satan für Byron ein neuer Prometheus, ein intellektueller Rebell im Namen der Vernunft, der in der Erkenntnis der Wahrheit einen absoluten Wert sieht. *Kain* löst in England einen Sturm der Entrüstung aus. Die positive Darstellung Luzifers, der keinen echten Gegenspieler im Drama hat, trägt Byron den Vorwurf der Blasphemie ein, und selbst der alte Lebemann, Georg IV., geruht, seine Mißbilligung des gottlosen Werkes zu äußern.

Am 29. Oktober 1821, nach monatelanger Unentschlossenheit, rasselt die schwere napoleonische Kutsche aus den Toren von Ravenna, gefolgt von mehreren Kutschen, die alle Byrons Wappen tragen. Shelley hat in Pisa einen geräumigen Palazzo gemietet, die Casa Lanfranchi. Auch Teresa ist dort wieder in seiner Nähe. Byron findet Zugang zum sogenannten «Pisaner Kreis», dessen intellektueller Mittelpunkt Shelley ist und dem auch Thomas Medwin, ein literarisch interessierter Offizier, und der Abenteurer Kapitän Edward John Trelawny angehören. Beide haben Erinnerungsbücher über diese Zeit verfaßt. Die heitere Geselligkeit wird jäh gestört durch Todesnachrichten. Lady Noel, seine Schwiegermutter, ist gestorben. Ihr Tod inspiriert Byron zu sentimentalen Betrachtungen über die Hinfälligkeit alles Irdischen und veranlaßt den von ihr beauftragten Testamentsvollstrecker, dem Schwiegersohn eine stattliche Jahresrente auszuzahlen. Seine finanziellen Probleme sind nun gelöst, schon vorher hat er seine hochadligen Vorurteile überwunden und sich für seine Werke von seinem Verleger bezahlen lassen, und schließlich wird Newstead Abbey für 94500 Pfund verkauft. Die nächste Todesnachricht trifft ihn schwer, Allegra, seine Tochter, die er gegen den Willen ihrer Mutter, Claire Clairmont, in einem Nonnenkloster bei Ravenna untergebracht hatte, ist einem Sumpffieber erlegen. *Der Schlag war betäubend und unerwartet...*[176] Da schlägt das Schicksal zum drittenmal zu. Im Sommer des Jahres 1822 segelt Shelley mit seinem neuen Segelboot, das er «Ariel» getauft hat, von Livorno nach La Spezia. Am Horizont ziehen Gewitterwolken auf, aber am 8. Juli scheint die Sonne wieder, eine leichte Brise weht, und mit geblähten Segeln gleitet das Boot aus dem Hafen. Doch mittags um drei Uhr kommt ein heftiger Sturm auf, und im Golf von Spezia peitscht der Sturm die Wellen. Nirgends eine Spur von «Ariel». Voller Angst warten die Freunde auf Nachricht. Nach acht Tagen werden ihre Befürchtungen zur traurigen Gewißheit, Shelleys Segelboot ist im Unwetter gekentert. Seine Leiche ist am Strand nahe bei Viareggio ange-

Leigh Hunt. Anonyme Bleistiftzeichnung

Edward John Trelawny. Zeichnung von Joseph Severn

schwemmt worden, auch seine beiden Gefährten sind ertrunken. Auf Anordnung der italienischen Gesundheitsbehörden werden die Leichen mit Lehm beschmiert und an Ort und Stelle begraben. Byron und seinen Freunden Leigh Hunt und Trelawny war es von den Behörden erlaubt worden, die Toten auszugraben und am Strand zu verbrennen. Ein riesiger Holzstoß wird aufgeschichtet, mit Weihrauch, Wein und Öl färben sie die Flammen, die auflodernd über dem Körper Shelleys zusammenschlagen, während Trelawny wie ein heidnischer Opferpriester unverständliche Gesänge ertönen läßt. Byron aber stürzt sich in das Element, das auch sein toter Freund leidenschaftlich liebte, er schwimmt hinaus zu seinem Boot, das draußen ankert vor der Bucht. Vom Wasser aus geht sein Blick auf die öde Küste mit den Bergen im Hintergrund und auf den Holzstoß mit den farbigen Flammen, die die sterblichen Reste Shelleys verzehren. Nur sein Herz läßt sich nicht verbrennen, die Freunde bewahren es in Weingeist auf; der Schädel des Dichters, den Byron als Erinnerung haben will, zerspringt in der Hitze. Auf dem Heimweg aber singen und lachen sie hysterisch.[177]

Um die Leere nach dem Tod Shelleys auszufüllen, stürzt sich Byron wieder in seine literarische Tätigkeit. Bis in die frühen Morgenstunden sitzt er am Schreibtisch; seine letzten Dramen *Werner* und *Der umgestaltete Mißgestalte* entstehen. *Werner oder Das Erbe* ist ein epigonales Stück, eine dramatische Bearbeitung einer mittelmäßigen Erzählung von Harriet Lee. Das Drama arbeitet mit den groben Effekten der Schauergeschichten, wie sie in den schwächeren Werken der deutschen Stürmer und Dränger zu finden sind.[178] Auch Byrons letztes dramatisches Werk *Der umgestaltete Mißgestalte* steht nur teilweise auf eigenen Füßen. Die subjektive Betroffenheit des Autors verhindert eine Loslösung des Stoffes

Byron mit seinem «homerischen» Helm

von seiner Person und damit eine literarische Objektivierung der Handlungselemente. Somit bleibt das Stück für den Biographen ein Schlüsselwerk, aber in literarischer Hinsicht wird man das Urteil Shelleys vielleicht teilen, der dieses Stück als Fragment gelesen hatte und dem es von allen Dichtungen Byrons am wenigsten gefiel. Wichtiger als Byrons gleichzeitige Beschäftigung mit der wortreichen und matten Verssatire *Das Bronzene Zeitalter* und der Verserzählung *Die Insel*, die einem kulturfernen «romantischen Eskapismus»[179] in paarweis gereimten Blankversen huldigt, ist seine beständige Arbeit an seinem *Don Juan*, den er mit dem sechzehnten Gesang vorläufig beendet. Mit diesen Werken ist seine dichterische Produktion weitgehend abgeschlossen; die Beschäftigung mit Poesie kann für Byron nicht länger Stimulus sein.

Auch die Beziehung zu Teresa hat das Erregende und Außerordentliche verloren, Eros ist domestiziert. Die Liebenden sehen sich tagelang nicht und wechseln statt dessen Briefchen. Es ist, als ob sein Lebensschiff durch eine Flaute auf der Stelle festgehalten werde. Da erhält er Besuch, Edward Blaquiere und Andreas Luriottis, die offiziellen Vertreter des Griechischen Komitees in London, machen ihm ihre Aufwartung. Durch seine Dichtungen ist Byron in ganz Europa als Freund der Griechen bekannt, mit begeistertem Pathos hat er aufgerufen zum Kampf gegen die türkische Fremdherrschaft. Nun bittet ihn die Delegation um aktive Unterstützung der griechischen Freiheitskämpfer. Byron hat sich immer für die Sache der Unterdrückten eingesetzt, aber es sind auch persönliche Gründe, die ihn in seinem Entschluß bestärken, nach Griechenland zu fahren, um am Kampf der Griechen gegen die Türken teilzunehmen. *Von Herzen müde des eintönigen Lebens, das ich in Italien mehrere Jahre lang führte, krank durch Vergnügungen, müde des Schreibens... fühlte ich die dringende Notwendigkeit, dem Gang meiner Ideen eine neue Richtung zu geben, und die aktiven, gefährlichen, aber ruhmreichen Szenen der militärischen Laufbahn fesselten meine Phantasie...*[180]

Teresa von seiner Entscheidung zu informieren, bringt er jedoch nicht übers Herz, ihr Bruder Pietro muß ihr die Schreckensbotschaft überbringen. Sie ist außer sich, sein Entschluß erscheint ihr wie ein Todesurteil, denn sie fühlt, daß sie den Geliebten nie mehr wiedersehen wird. Auch Byron ist melancholisch. Er ist sehr abergläubisch und vergeblich versucht er, seine Vorahnungen zu verdrängen. Beim Abschied von Teresa sagt er traurig: *Wo werden wir in einem Jahr sein?*[181] Genau nach einem Jahr wird seine Leiche bestattet sein in der Dorfkirche von Hucknall bei Nottingham.

Mit Unterstützung von Trelawny und Pietro Gamba, die ihn begleiten, geht es mit Tatkraft an die Vorbereitung des Unternehmens. Medizinische Ausrüstung wird gekauft, ein Arzt, Francesco Bruno, angeheuert, ein Schiff, die «Hercules», unter Kapitän Scott gechartert und prächtige Uniformen in Auftrag gegeben. Zwei Kanonen werden an Deck festgezurrt. Typisch für Byron, der die Maskerade liebt wie ein Schauspieler: auch Helme gehören zur Ausrüstung. Sein eigener ist ein vergoldeter «homerischer» Helm mit einem stilechten Federbusch, worüber ganz England schmunzelt. Am 13. Juli 1823 schifft sich die Mannschaft ein. Doch die Winde sind ungünstig, schon zu Beginn der Reise zeigen sich Schwierigkeiten, im Sturm scheuen die Pferde und zertrümmern ihre Boxen mit den Hufen. Wieder muß der Hafen angelaufen werden, und erst am 24. Juli kann die «Hercules» erneut in See stechen; ihr nächstes Ziel ist die Straße von Messina.

Don Juan

Die Verserzählung *Don Juan*[182] gilt als die bedeutendste Dichtung Byrons. Das umfangreiche Werk beginnt mit einer *Zueignung*, dann folgen 17 Gesänge, der letzte Gesang ist unvollendet. Zwischen dem 5. und 6. Gesang ist ein erklärendes Vorwort eingefügt, das über die Quellen für die Gesänge 6, 7 und 8 Auskunft gibt. Das ganze Epos enthält nicht weniger als 1990 Strophen.

Don Juan hat nur sehr wenig mit der Gestalt des unwiderstehlichen Frauenhelden gemeinsam, so wie ihn Tirso de Molina in seinem Drama «El Burlador de Sevilla» (1630) dargestellt hat. Auch von Molières Komödie «Don Juan, ou le Festin de Pierre» (1665) oder von Mozarts Oper «Don Giovanni» weisen so gut wie keine Verbindungen zu Byrons Helden. Zwar ist auch er Spanier aus guter Familie, dabei aber ein eher schüchterner, sechzehnjähriger *bartloser* Junge, schlank, gutaussehend, ziemlich naiv und in seinen Liebesaffären meistens der passive Teil. Er läßt sich von den Frauen verführen, die von seiner Unschuld angezogen werden. Auch von der Figur des Dieners mit seiner traditionellen Verschlagenheit und seinem Mutterwitz hat der Autor keinen Gebrauch gemacht. Byron selbst schlüpft ab und zu in die Rollen von Gracioso, Sganarelle, Leporello und verschafft sich dadurch die Möglichkeit, die Hauptgestalt zu kommentieren und zu ironisieren.

Im Mittelpunkt der Handlung stehen nicht die Liebesverhältnisse Juans, sondern seine ungewöhnlichen Schicksale in Krieg und Frieden, in fremden Ländern und zu Hause, als tapferer Soldat und geschickter Diplomat. Don Juans Geburtsstadt ist Sevilla, sein Vater, Don José, ging seine eigenen Wege, über ihn erfahren wir wenig, aber bei der Schilderung von Juans Mutter, Donna Inez, wird der Autor sehr beredt. Sie hatte *den schlimmsten Fehler, fehlerfrei zu sein* (I, 16). Wenn der geneigte Leser auch noch erfährt, *ihr Hauptfach war das mathematische* (I, 12), und daß sie ihren José für toll erklären ließ (I, 27), so wird deutlich, daß Byron ein recht boshaft-witziges Bild von seiner Frau entwarf. Donna Inez hat nur eine Freundin, die hübsche Donna Julia, die sehr moralische Prinzipien vertritt. Sie verliebt sich in den jungen Juan, und im entscheidenden Augenblick kann sie sich nicht dazu durchringen, von ihren Prinzipien Gebrauch zu machen, sie verführt den schüchternen Jungen, was in einer psychologisch meisterhaften Szene dargestellt wird. Der heimkehrende Ehemann aber entdeckt den Liebhaber, Juan kann mit knapper Not entfliehen, Julia wird ins Kloster gesteckt. Ein weiterer Höhepunkt folgt, als Juan, der Spanien verlassen muß, von Cádiz nach Livorno segelt, unterwegs in einen verheerenden Sturm gerät, von Haidi, einem Rousseauschen Naturkind, der Tochter eines reichen Seeräubers, am Strand der Kykladen gefunden, gepflegt und schließlich heimlich geliebt wird. Überraschend kehrt Haidis Vater Lambro zurück, Juan wird zur Strafe für seine Liebe auf einem Schiff in die Verbannung geschickt, Haidi stirbt vor Kummer.

Nach diesen poetischen Szenen einer idealen Liebe wird der Leser in eine bunte exotische Welt geführt. Juan wird in Konstantinopel auf dem Sklavenmarkt verkauft. Eine Sultansfrau, Gulbeya, will den jungen Mann für sich haben; in Frauenkleidern schmuggelt sie ihn in den Harem. Wieder kommt jemand im falschen Augenblick, nämlich der Sultan per-

Byron nach einem Ausritt. Silhouette von Mrs. Leigh Hunt um 1822

sönlich, und Juan ist gezwungen, in das Bett einer Haremsschönen zu kriechen (VI,49). Dudu, so heißt sie, schreit plötzlich nachts auf, den besorgten Haremsdamen, die zu Hilfe eilen, berichtet sie von einem Traum, der zugleich nichtssagend und vielsagend ist, sie träumte nämlich von einem *Bienchen, und das stach sie bis ins Herz/Und so erwachte sie und schrie vor Schmerz* (VI,77). Im 7. Gesang erfahren wir ziemlich unvermittelt, wie der russische General Suworow die türkische Festung Ismail nach heftiger Gegenwehr erobert; der Zusammenhang der Handlung wird aber dadurch wiederhergestellt, daß Juan überraschend auf dem Kriegsschauplatz auftaucht, zwei Haremsdamen haben ihn aus türkischer Gefangenschaft befreit. Juan beteiligt sich mit Bravour am Kampf gegen die Türken, rettet ein Türkenmädchen und reist am Ende als Gesandter zur Zarin Katharina nach Petersburg. Die liebestolle Herrscherin gewinnt Gefallen an ihm, schließlich gelingt es ihm aber, ihren Netzen zu entrinnen. In ihrem Auftrag reist er dann durch Polen, Kurland, Preußen, die Rheinlande, Holland bis nach England. In seinem Heimatland verstrickt sich der Held noch in weitere turbulente Liebesabenteuer; mit diesen Szenen endet das unvollendete Epos.

Doch diese teils pikanten, teils phantastischen Ereignisse spielen sich gleichsam auf der Vorderbühne ab. *Denn ich erzähle nicht, um zu erzählen,/s'ist nur die lust'ge Basis, um an Dingen/Gemeiner Art Gemeinplätz' anzubringen* (XIV,7). Natürlich ist es dem Autor wichtig, immer wieder Höhepunkte in seinem vielstrophigen Werk zu markieren. Witzig formulierte, anschaulich dargestellte und griffig pointierte Episoden sollen der vielschichtigen Handlung Kontur geben. Diese Technik entspricht der Methode der klassischen Rhetorik, purpurne Stellen geben der Darstellung Glanz. Der Dichter nennt selbst solche «purple passages»: *Krieg, Lieb, ein Sturm, das ist doch vielerlei* (XIV,14). Gemeint sind wohl die Darstellungen der Eroberung der türkischen Festung Ismail, Juans Liebe zu Haidi und die Erzählung vom Schiffbruch. Der Ich-Erzähler, der sich zum erstenmal als Bekannter der Familie Juans einführt (I,51), und der als Erzähler in wechselnden Rollen das Geschehen kommentiert, legt großen Wert darauf, daß sein Werk nicht als bloßes Phantasieprodukt betrachtet wird. Seine Dichtung handle von *Fakten*, so betont er, *Und meistens singt sie von der Menschenwelt* (XIV,13). Um den Wirklichkeitsbezug zu unterstreichen, bezieht sich Byron auf den Reisebericht seines Großvaters bei der Darstellung des Schiffbruchs (II); und der Schilderung der Eroberung von Ismail liegt eine historische Studie von Gabriel de Castelnau zugrunde. Ein weiteres Element des Realismus liefert der Einfall des Autors, einige Figuren des Epos nach dem Vorbild seiner Bekannten und Freunde aus der Londoner Zeit zu zeichnen. Juans mütterliche Freundin, Lady Pinchbeck, geistreich und tolerant, erinnert an Lady Melbourne; Lord Henry, der gastfreie, liberale Mann seiner Freundin Adelinde hat Züge von Lord Holland, die exzentrische Gräfin Fitz Fulke ist ein Porträt von Caroline Lamb, und das Idealbild der Dichtung, Aurora Raby, eine kultivierte, feinfühlige und fromme Dame, ist wahrscheinlich eine Huldigung an die Adresse von Teresa Guiccioli.

Ebenso wie die Wiedergabe der Dinge, die der Autor als *Fakten* bezeichnet, liegt ihm das Singen *von der Menschenwelt* am Herzen. Die Erzählung von den Abenteuern Juans gibt ihm reichlich Gelegenheit, ein satirisches Panorama seiner Zeit, ihrer Gesellschaft, ihrer Politik und Moral zu entwerfen. Das ist wohl der eigentliche Kern seiner Dichtung. Was er untertreibend als *leichte Glossen* (XIV,14) bezeichnet, sind bissige Angriffe auf Zeitgenossen. Southey (*epischer Judas*), Wordsworth, seine politischen Gegner, die Tories, vor allem Castlereagh, der Intimfeind, werden attakkiert, das ganze Volk der Briten wird als kriegslüstern entlarvt (II,156), die von ihm verachteten Blaustrümpfe werden der Lächerlichkeit preisgegeben. Glänzend geschrieben und amüsant zu lesen sind besonders die Darstellungen des gesellschaftlichen Lebens der englischen Aristokratie zu Beginn des 19. Jahrhunderts. Hier spricht Byron als Insider.

Dann folgen Exkurse über gewichtigere Themen: Byron ist von der Unmenschlichkeit und Sinnlosigkeit aller Kriege überzeugt, nur der

Karikatur auf Byron während seiner Arbeit am Don Juan

Kampf unterdrückter Völker für ihre Freiheit ist berechtigt. Philosophische Probleme, die Frage nach Gott und Unsterblichkeit verleiten den Autor zu weiteren Abschweifungen. Aber diese Exkurse sind Teil eines Kompositionsprinzips; häufig, wenn Juan in eine gefährliche Situation gerät, wenn der Leser um das Schicksal des Helden fürchten muß, verändert der Erzähler die Blickrichtung und wendet sich einem allgemeinen Thema zu, um eine ganz bestimmte Wirkung zu erzielen: *Und bis ich meinen Vorhang wieder hebe,/Laß ich sie* (die Leser) *zappeln ... Der Effekt ist groß* (XIV,97).

Die Beziehung zwischen Autor und Leser ist ein prägendes Element der Dichtung, in einer Art Gesprächshaltung zieht er den Leser immer wieder in einen Dialog, verteidigt sich gegen Angriffe auf sein Werk, beteiligt ihn an seinen angeblichen Schwierigkeiten, einen passenden Reim zu finden, erklärt ihm aber an anderer Stelle, wie leicht ihm seine «milde Causerie» falle, wenn er mit lässiger Hand seinen Text improvisiere (XV,19,20). Sein Gedicht bezeichnet er einmal als planlos geschrieben (IX,41), andererseits hält er es aber für *trefflich* und *exzellent* (IX,22). Daß seine pikanten Liebesszenen nur schlecht mit seinem Anspruch zu vereinen sind, er wolle den Leser zur *Tugend* leiten (XII,39), liegt auf der Hand. Trotzdem ist Byrons Haltung nicht negativ, das Maß, mit dem seine Satire mißt, ist seine Vorstellung vom Menschen, wie er sein soll, das heißt, er will den soziablen, genußfähigen, aufrichtigen und ungezwungenen Menschen, der selber niemanden zwingt.

So ergibt sich aus Abenteuererzählung, satirischen Ausfällen, in sich widersprüchlichen Kommentaren über sein Epos, Erinnerungen an frühere Erlebnisse aus seiner privaten Biographie ein komplexes Werk, das die Tendenzen und Triebkräfte einer Epoche der englischen Geschichte kritisch Revue passieren läßt. Zu dieser Vielstimmigkeit gehört auch, daß neben ätzendem Spott und aufklärerischer Leidenschaft stimmungsvolle, romantische Strophen anklingen. So beschreibt er im 13. Gesang Norman Abbey, sein geliebtes Newstead Abbey, als eine stille Landschaft der Seele, ausdrucksvolle Adjektive geben dem Bild des alten am Wasser gelegenen Schlosses und seiner Umgebung eine geheimnisvolle Tiefendimension, und wie ein lebendes Wesen tritt der Wald ans Ufer ... *dunkel nikkend/Mit grünem Antlitz auf die Fluten blickend* (XIII,57). Wie in seinen lyrischen Werken allgemein begegnen uns also auch hier die beiden Hauptrichtungen seiner Poesie: das Ineinanderfließen von Ich und Welt in einem liquiden Zustand romantischer Gestimmtheit und die satirische Entlarvung gesellschaftlicher Mißstände, die in diesem Epos natürlich den Ton angibt. Seine Satire zieht alle Register, da werden hochgespannte Erwartungen durch banale Formulierungen desavouiert (z. B. XIV,14), oder umgekehrt triviale Sachverhalte durch eine unangemessen anspruchsvolle Tonart in ihrer Hohlheit lächerlich gemacht (XIV,15). Zuweilen scheint der Autor den Standpunkt irgendeines egoistischen

Heuchlers zu teilen (XIV,52); neben die Ironie des Stils tritt die Ironie des Standpunkts. Die Bezüge zwischen den vom wahren Sachverhalt aus gesehen «verstellten» Ebenen können hin und her laufen und so Sein und Schein deutlich machen. Diesem Ziel dient auch die Form der achtzeiligen Strophe, der Ottava rima. Oft schaffen die ersten sechs Verszeilen einen geschlossenen Rahmen, aus dem die beiden letzten dann in geistvoll-komischer Weise herausfallen können. Wie Cervantes, auf dessen Vorbild er mehrere Male hinweist, wollte Byron eine *epische Satire* schreiben (XIV,99), aber sein Werk hat einen unverwechselbaren Byron-Stil. Don Juan, dieses amüsante, manchmal recht langatmige, realistische und melodramatische, kritische, aggressive, boshafte, aber auch versöhnlich gehaltene Stück Literatur ist in gewisser Weise ein Spiegelbild der proteischen Natur Lord Byrons. Der widersprüchliche Charakter seines Autors, dem es nicht gelingt, die antithetischen Impulse seines Wesens miteinander zu versöhnen, drückt sich auch in der Bildersprache aus, die Struktur seiner bevorzugten Metaphern wird durch das Prinzip der Polarität bestimmt. So werden häufig Feuer und Erde, Licht und Dunkelheit, organisches Wachstum und mechanische Statik einander gegenübergestellt, eine Stileigentümlichkeit Byrons, auf die Paul Elledge hingewiesen hat.[183]

Das Werk begegnete heftigem Widerspruch, große Teile der literarischen Öffentlichkeit waren aufgebracht über die Zerstörung ehrwürdiger nationaler und moralischer Tabus. Vor allem Byrons erotische Freizügigkeit löste Empörung aus. Unabhängige Köpfe wie Shelley und Scott aber erkannten spontan den Rang dieser Dichtung, und Goethe, der das Schaffen Byrons aus der Ferne mit großem Interesse verfolgte, schrieb: «Don Juan ist ein grenzenlos geniales Werk, menschenfeindlich bis zur herbsten Grausamkeit, menschenfreundlich in den Tiefen süßester Neigung sich versenkend... Dem wunderlichen, wilden, schonungslosen Inhalt ist auch die technische Behandlung der Verse ganz gemäß; der Dichter schont die Sprache so wenig als die Menschen, und wie wir näher hinzutreten, so sehen wir freilich, daß die englische Poesie schon eine gebildete komische Sprache hat, welcher wir Deutschen ganz ermangeln.»[184]

«Auf! Söhne der Hellenen!» [185]

Wenn man die Kindheit vom Leben abzieht (die Vegetieren ist), – Schlafen, Essen und Säubern – Zuknöpfen und Aufknöpfen – wieviel bleibt dann noch vom eigentlichen Leben? Der Sommer einer Haselmaus.[186] Byrons Briefe und Tagebücher durchziehen Klagen über die Vergänglichkeit und Sinnlosigkeit der menschlichen Existenz. Immer wieder bemerkt er, er sei ennuyé, gähne gelangweilt, sei aber zu faul, sich zu erschießen. Er werde sich aber nicht wegen irgendwelcher Schmerzen umbringen, sondern, wenn überhaupt, dann nur *aus Übersättigung am Genuß.*[187] Nun, auf Deck eines Segelschiffes, das ihn nach Griechenland bringen soll, sind diese depressiven Stimmungen verflogen. Byron ist nicht mehr der etwas blasierte Melancholiker, sondern ein junger Mann, der voll freudiger Erregung das große Abenteuer erwartet. Die Tage an Bord vergehen mit anregenden Gesprächen und mit kindlichen Streichen, die man dem versoffenen Kapitän spielt. In den langen Mußestunden liest Byron Voltaires «Essai sur les Mœurs», Schriften von Rochefoucault, Swift und Montaigne.

Am 2. August liegen die jonischen Inseln Cephalonia und Zante vor ihnen, und wenig später dirigiert der alte Scott die «Hercules» sicher in den Hafen von Argostoli, der Hauptstadt von Cephalonia. Der englische Gouverneur der Insel ist Colonel James Napier; er hat fünf Eigenschaften, die Byron hoch zu schätzen weiß: er ist der Enkel eines Herzogs, ein tüchtiger Berufsoffizier mit einem bissigen Humor, außerdem ein Whig. Wichtiger allerdings ist die Tatsache, daß der Brite, der offiziell neutral sein muß, ein begeisterter Philhellene ist. Die Begeisterung für die Wiedergeburt eines freien Hellas hat ganz Europa erfaßt. Der Gedanke vom Selbstbestimmungsrecht aller Völker, den die französische Revolution so eindrücklich proklamiert hat, wirkt weiter in einer Zeit, die den Wert und die Bedeutung der einzelnen Völker neu entdeckte. In England war auf den konservativen Außenminister Castlereagh, der sich für den status quo und das Gleichgewicht der Mächte einsetzte, George Canning gefolgt. Canning gilt als Freund der Griechen, und Hellenen und Philhellenen sehen voll Hoffnung auf ihn und erwarten, daß er sie in ihrem Kampf gegen die Türken unterstützt. In London konstituiert sich ein philhellenisches Komitee, dem so hervorragende Persönlichkeiten wie Mackintosh,

Bentham und Byrons Freund Hobhouse angehören. Auch in den deutschsprachigen Ländern schlägt die Begeisterung für die Griechen hohe Wellen. Wilhelm Müller verfaßt seine gutgemeinten Griechenlieder, schweizerische und deutsche Freikorps werden aufgestellt, die die Griechen in dem Kampf gegen ihre Unterdrücker aktiv unterstützen wollen.

In der europäischen Öffentlichkeit aber ist Lord Byron unbestritten der Sänger Griechenlands. Seine Werke haben mehr für die Freiheit der Griechen bewirkt als alle Freikorps der Philhellenen zusammen, denn sie haben das Bewußtsein der Gebildeten in Europa in entscheidender Weise beeinflußt, so daß nun die indirekte Unterstützung der Hohen Pforte gegen die Griechen durch die Großmächte von den Völkern als Verrat an der gemeinsamen abendländisch-europäischen Tradition empfunden wird. In *Childe Harold* hat Byron die Ausbeutung Griechenlands mit leidenschaftlichen Worten verdammt (II,15); im *Giaur* erinnert er die Griechen an das Vorbild ihrer Helden aus der klassischen Zeit; in der *Belagerung von Korinth* wird Hellas als Land des Ruhms besungen; in *Don Juan* (III,IV) beklagt er die Unterdrückung Griechenlands und spornt die Hellenen an, das türkische Joch abzuwerfen.

Allerdings tun die Griechen selbst alles, um die Befreiung vom türkischen Joch zu verhindern. Byron hört in Cephalonia beunruhigende Dinge über die politische Lage auf dem Festland. Die Patrioten sind in Parteien gespalten. Im Osten «regiert» Odysseus Androutses, ein ehemaliger Räuber, der auch als «Patriot» von seinen erlernten beruflichen Fähigkeiten eifrig Gebrauch macht. Auf dem Peloponnes führt Theodor Coloctrones das Regiment. Zusammen mit einigen anderen Abenteurern ist er vollauf damit beschäftigt, zu plündern und die Bauern auszubeuten –, Fürst Alexander Mavrokordatos, ein beleibter Herr mit Schnurrbart und Schirmmütze, dessen schwarze Augen hinter einer goldgerandeten Brille funkeln, wirkt dagegen wie ein seriöser Mann. Am 13. Januar war er zum ersten Präsidenten Griechenlands gewählt worden und hatte die nationale Unabhängigkeit verkündet. Doch er ist eher ein Professor als ein Militär. Den Türken fällt es nicht besonders schwer, ihn am 16. Juli 1822 bei Peta entscheidend zu schlagen. Da er sich nicht nur von den Türken, sondern auch von Colocthones bedroht fühlt, flieht er nach Hydra und verzichtet kleinmütig auf die Ausübung seines Präsidentenamtes.

Der Kampf zwischen Griechen und Türken wird auf beiden Seiten mit verheerender Brutalität ausgetragen. Am 21. April 1821 richten die Türken unter den Griechen in Konstantinopel ein Blutbad an, der achtzigjährige Patriarch wird in vollem Ornat öffentlich am Galgen aufgehängt. Bei der Eroberung von Tripolitza massakrieren die Griechen ihrerseits 10 000 türkische Männer, Frauen und Kinder.

Immer noch halten die Türken die Schlüsselstellungen von Patras und Lepanto, Korinth und Negropon.t Ihre Flotte kontrolliert den Golf und

Fürst Alexander Mavrokordatos. Anonyme Radierung

die Häfen von Spetsae, Psara und Hydra, denn die provisorische griechische Regierung kann ihre Seeleute nicht bezahlen. Die verfeindeten griechischen Parteien brauchen jeden Para, um sich gegenseitig zu bekämpfen; Anarchie und Bürgerkrieg herrschen. Jede Partei bemüht sich um Lord Byron, insbesondere um sein Geld, denn man weiß, daß er erhebliche Summen aufgetrieben hat – 59 000 Dollar wird er aus eigenen Mitteln in die griechische Unternehmung investieren – und daß die britische Regierung hinter ihm steht. Bei dieser fatalen politischen Lage aber plagen ihn Zweifel, ob sein Einsatz überhaupt sinnvoll ist. Ist seine Hilfe für die Griechen nicht ebenso nutzlos ... *wie ein Zügel für jemanden, der weder Sattel noch Pferd besitzt?* [188] Als erstes scheint es ihm besonders wichtig zu sein, die Rolle eines Parteigängers zu vermeiden: *Ich bin nicht hergekommen, um mich einer Partei, sondern einer Nation anzuschließen, und ich will es mit ehrlichen Männern und nicht mit Spekulanten und Betrügern zu tun haben ...* [189] Ohne Zweifel gehört Dr. James Kennedy, der Garnisonsarzt von Cephalonia, zu den «ehrlichen Männern». Mit ihm führt Byron lange Gespräche über religiöse Fragen.[190] Nicht die christliche Religion

Odysseus Androutses. Anonyme Radierung

lehnt der Dichter ab, sondern ihre gegenwärtige Erscheinungsform in den Kirchen. Wie die Deisten ist er von der Existenz Gottes überzeugt, allerdings kann er nicht glauben, daß Gott in den Lauf der Welt eingreift, und die Gestalt Christi, des Erlösers der Menschheit, bleibt ihm fremd.

Vom Festland ist Nachricht eingetroffen, Oberst Leicester Stanhope, den ihm das Londoner Komitee als Mitarbeiter geschickt hat, bittet ihn, nach Missolunghi zu kommen, jedermann in der Stadt, so berichtet er, frage ihn, wo Lord Byron bleibe. Auch Mavrokordatos, der inzwischen wieder die Amtsgewalt in Missolunghi übernommen hat, drängt ihn, seine Wartestellung in Cephalonia zu verlassen. Am 29. Dezember segelt ein schnelles Schiff, die «Mystico», aus dem Hafen von Argostoli, Gamba mit Dienern und Gepäck folgt Byron auf einem schwerfälligen Schiff, der «Bombarde». Nur knapp entgeht Byron der Gefahr, von patrouillierenden Türkenschiffen gekapert zu werden, aber Gambas Schiff wird von einem türkischen Kreuzer aufgebracht und nach Patras verschleppt. Wunderbarerweise aber stellt sich heraus, daß der Kapitän der «Bombarde» vor Jahren dem türkischen Kapitän das Leben gerettet hat. Deswegen werden die Gefangenen vom zuständigen Kommandeur, Jussuf Pascha, mit ausgesuchter Höflichkeit behandelt und nach Missolunghi geschickt. Byron, dem die Humanisierung der Kriegführung sehr am Herzen liegt, dankt mit einem artigen Schreiben an *Seine Hoheit ...für die große Freundlichkeit, mit der Sie meine Freunde behandelt haben, während sie in Ihrer Hand waren*[191]. Zum Dank schickt er ihm vier gefangene Türken, mit der einzigen Bitte *alle Griechen ... menschlich zu behandeln, da die Schrecken des Krieges an und für sich schon groß genug sind, ohne daß die eine oder andere Seite noch kalten Blutes Härte hinzufügen müßte.*[192] Am 5. Januar 1824 landet Byron mit seiner Begleitung feierlich in Missolunghi. Er hat seine geliebte rote Galauniform mit den golddurchwirkten Epauletten angelegt, denn er will zeigen, daß er seine Rolle in Griechenland nicht nur als Bevollmächtigter und Finanzier sieht, sondern als militärischer Führer, der sich an der Spitze einer bewaffneten Macht für die Freiheit Griechenlands schlagen will. Die im Hafen liegenden Schiffe feuern Salut, viele Soldaten und die ganze Bevölkerung stauen sich am Landeplatz, die Waffen der Suliot022 blitzen in der Sonne, eine Kanone feuert 21 Schuß ab, wilde Musik ertönt, die Menge jubelt, als Lord Byron gemessen an Land steigt und mit geziemendem Respekt von Fürst Mavrokordatos, Oberst Stanhope und den anderen Offizieren begrüßt wird. Byron ist *bewegt*. Bald ist sein Haus, das ihm in der Stadt zugewiesen wird, erfüllt von Soldaten. Die Wände schmückt er mit Schwertern, Pistolen, türkischen Säbeln, Gewehren, Dolchen, Donnerbüchsen, Helmen und Trompeten in phantastischer Anordnung.[193]

Missolunghi, das heutige Mesolongion, am Golf von Patras gelegen, war damals eine kleine Stadt mit 5000 Einwohnern, die hauptsächlich vom Fischfang lebten. Der Ort bestand aus zweistöckigen Häusern, besaß keine Kanalisation, die engen Gassen waren schmutzig, das Wasser faulte in den Kanälen. Vom Hinterland war die Stadt durch Sümpfe getrennt, das Klima war äußerst ungesund, von Zeit zu Zeit grassierten Fieberepidemien.

In Missolunghi wirbt Byron ein Korps von 600 Soldaten an, es sind Sulioten, christliche Albanier aus den kriegerischen Bergstämmen des Landes, die von den Türken aus Albanien vertrieben worden waren. Byron erinnern sie – zu Unrecht – an die wilden Hochlandschotten seiner Heimat, und er dichtet für sie eigens ein Kriegslied *Lied für die Sulioten*[194], in dem er sie zum Angriff anfeuert mit den Worten: *Dort winkt Ehre, dort winkt Gold*. Die Besatzung der türkischen Festung Lepanto hatte zu erkennen gegeben, daß sie für eine gewisse Summe dem Feind die Tore öffnen werde. Es ist ein alter Jugendtraum des Dichters, als Führer einer bewaffneten Schar in den Kampf zu ziehen, und hier müßte man nur die sprichwörtliche offene Tür einrennen. Aber die Sulioten meutern, das «winkende Gold» wollen sie lieber direkt von dem reichen englischen Lord holen, und die kriegerischen Ehren sind dem Räubergesindel gleichgültig. Die

Der Hafen Missolunghi am Golf von Patras. Radierung von E. Finden

Soldaten seiner Privatarmee werden immer aufsässiger. Bei einem Streit töten sie einen schwedischen Leutnant. Als Byron den Schuldigen bestrafen will, bedrohen ihn die aufgebrachten Krieger in seinem Haus, nur durch seinen persönlichen Mut kann er die Situation retten. Weitere Enttäuschungen und Schwierigkeiten bleiben nicht aus. Mit Oberst Stanhope gibt es Reibereien, weil der *typographische Oberst* darauf besteht, die Griechen mit einer Druckerpresse und einer Zeitung zu beglücken, während Byron weiterhin auf eine militärische Aktion setzt. So sind die Fronten verkehrt, der Soldat glaubt an die Macht der Feder, und der Mann der Feder an die Macht der Waffen.

Die Wetterlage ist deprimierend, Wassermassen stürzen vom Himmel und machen die Wege grundlos. Das untätige Warten zerrt an den Nerven, zu allem Überfluß wird die Besatzung der Stadt auch noch durch ein Erdbeben in Panik versetzt. Byrons Sorge gilt dabei seinem fünfzehnjährigen «Pagen» Loukas Chalandritsanos, für dessen Schicksal er sich verantwortlich fühlt.[195] Dann wieder beschäftigen ihn politische Projekte. Er hofft auf eine englische Anleihe für die provisorische griechische Regierung, dann will er, nachdem er die unzuverlässigen Sulioten entlassen hat, eine neue Brigade aufstellen und Lepanto und Patras erobern, um ein weithin sichtbares Zeichen der Ermutigung zu setzen. Nach ihrem Sieg sollen sich die Griechen eine Verfassung geben nach dem Vorbild der USA, denn eine föderative Verfassung entspräche den spezifischen

Interessen der Griechen, da Wohlstand und Macht sehr unterschiedlich bei ihnen verteilt seien. Alle Gewalt müsse vom Volk ausgehen, wobei den Bauern als dem besten Teil des Volkes eine Sonderrolle zufalle. Die Volksvertretung solle sich in einem Kongreß organisieren; an der Spitze des Staates denkt er sich einen Präsidenten. Dann werde Hellas in den Bund des christlichen Europa zurückkehren. Byron aber will nach dem Sieg über die Türken als Botschafter der Griechen in die USA gehen, um für die Anerkennung Griechenlands zu werben.[196]

Diese hochfliegenden Pläne stehen in einem merkwürdigen Gegensatz zur tristen Wirklichkeit in Missolunghi. Immer noch zeigt sich keine Möglichkeit zu einer militärischen oder politischen Aktion. Seit Monaten ist Byron von der Außenwelt abgeschnitten. Erst am 9. April hat er die freudige Nachricht erhalten, daß die englische Regierung Griechenland – nicht zuletzt durch seinen nimmermüden Einsatz – eine Anleihe von 800000 Pfund gewährt hat.

Der große Regen hat immer noch nicht aufgehört, die Straßen stehen unter Wasser, alle Flüsse sind angeschwollen. Trotzdem reitet Byron aus, ausgekühlt und völlig durchnäßt muß er in einem Boot heimgerudert werden. Krank und fiebernd liegt er auf dem Sofa, nachts wälzt er sich unruhig in seinem Bett und kann keinen Schlaf finden, das Fieber steigt, er wird immer schwächer. Beim damaligen Stand der Medizin wissen die Ärzte nichts Besseres zu tun, als den Todkranken zur Ader zu lassen, er verliert mehrere «Pfund» Blut, sein Zustand wird dadurch noch kritischer. Mit bewundernswerter Tapferkeit sieht Byron das Unabwendbare näherkommen. *Meinen Sie denn*, sagt er mit leiser Stimme zu seinem Arzt Dr. Millingen, *daß ich Angst um mein Leben habe? Ich habe es von Herzen über und werde die Stunde willkommen heißen, in der ich davon scheide. Warum sollte ich es beklagen? Kann es mir noch irgendeine Freude bringen? Habe ich es nicht im Übermaß genossen? Wenige Menschen können schneller leben als ich es getan habe...*[197] Am 19. April sind die verzweifelten Freunde am Bett des Sterbenden versammelt, auch der junge, hilflose Arzt Dr. Millingen kann seine Tränen nicht zurückhalten. Da sagt Byron lächelnd auf italienisch: *Oh questa è una bella scena* (Oh, welch eine schöne Szene!), dann versinkt er in tiefe Bewußtlosigkeit. Man hört noch, wie er flüstert: *Augusta – Ada – Hobhouse – Kinnaird.* Zum letztenmal schlägt er die Augen auf: *Ich muß jetzt schlafen*[198]. Plötzlich wird die Stille durch einen heftigen Donnerschlag unterbrochen. Die Griechen in den Straßen der Stadt sehen sich bedeutungsvoll an: «Der große Mann ist tot.» Am Ostermontag, dem 19. April 1824, abends sechs Uhr ist George Gordon Noel Lord Byron in Missolunghi wahrscheinlich an Malaria perniciosa gestorben. Ein letzter Salut aus 37 Gewehren wird abgefeuert. In ganz Griechenland herrscht Trauer, denn die Griechen wissen, daß Lord Byron für ihre Freiheit gestorben ist.

Ein Schiff bringt die einbalsamierte Leiche Byrons nach London, wo

Die Kirche von Hucknall Torckard

sie in der Great George Street feierlich aufgebahrt wird. Da sich der Dekan von Westminster weigert, kann der Dichter nicht in der Westminster-Abtei beigesetzt werden. Am 12. Juli finden die Trauerfeierlichkeiten statt. Anschließend setzt sich ein langer Leichenkondukt in Bewegung. In einer großen schwarzen Kutsche, gezogen von Rappen mit nickenden schwarzen Federn, steht der Sarg, der mit schwarzem Seidensamt bedeckt ist. Die Freunde des Toten sitzen in drei Kutschen, darauf folgen 47 leere Kutschen, geschickt von denjenigen, die es nicht für opportun hielten, an der Trauerfeier teilzunehmen. Auch Lady Byron und Tochter Ada sind ferngeblieben. Mrs. Augusta Leigh ist die Hauptleidtragende. Am Stadtrand von London kehren alle Kutschen um. Die große schwarze Kutsche fährt allein weiter nach Hucknall Torckard. Dort in der Dorfkirche, in der Familiengruft der Byrons ist der Dichter begraben.

Des Kriegers Grab, das mancher fand,
Eh er es suchte, suche du!
Schau um und wähle deinen Stand –
Und geh zur Ruh.[199]

Für Byron war der Tod die Lösung eines existentiellen Problems. Er hatte vergeblich versucht, von der Dichtung, die er als Ersatzhandlung betrachtete, zum «echten» Handeln vorzudringen. Nach dem Vorbild seiner Ahnen suchte er die große männliche Bewährung in der Tat, als Politiker und Soldat. Beide Versuche waren gescheitert, beidesmal hatte er seine Identität nicht finden können, denn er war ein zeitgemäßer Unzeitgemäßer. Zwar brachten ihm seine Verse europäischen Ruhm, nicht zuletzt, weil sie zeittypisch waren. Aber der Mensch Byron war innerlich unglücklich, weil er ein Unzeitgemäßer war. Vielleicht hätte er seinen Hunger nach Anerkennung und Macht, seine wahrhaft hemmungslose Sehnsucht nach Liebe in jeder Form in einem anderen Jahrhundert, zum Beispiel in der Zeit des klassischen Griechentums stillen können, aber in der Epoche, in der er zu leben gezwungen war, konnte er sich selbst nicht verwirklichen. Das ist wohl der tiefste Grund für seine Melancholie, für seinen Weltschmerz gewesen.

Euphorion

Im dritten Akt von «Faust II» hat Goethe ein Denkmal gesetzt für Byron in der Gestalt des Euphorion, «das kostbarste Denkmal, das einem neueren Dichter gestiftet worden ist»[200]. In einer arkadischen Höhle kommt Euphorion zur Welt als Sohn der klassischen Helena und des romantischen Faust. In zeitraffender Kürze wird seine Lebensgeschichte, seine Kindheit, seine Jugend, sein Mannesalter und sein Tod dargestellt. Er ist «ein Genius ohne Flügel»[201], der schon zu Beginn seines Lebenslaufs in die Höhe strebt; die Flugsymbolik ist in Goethes Werk das Zeichen für das Streben des Menschen nach dem Absoluten. Der junge Held, der wie ein kleiner Phöbus in der Hand die goldene Leier hält, ist von einer Aureole umstrahlt. Er spielt mit den Mädchen des Chores, versucht «eine derbe Kleine» zu verführen, ersteigt dann ein hohes Felsengebirge, wirft sich wie Ikarus in die Lüfte und stürzt tot zu den Füßen der Eltern nieder. «Man glaubt in dem Toten eine bekannte Gestalt zu erblicken», heißt es in der Regieanweisung, und die Charaktereigenschaften und biographischen Umstände, die auf Byron deuten, sind unschwer zu erkennen. Der Jüngling, mit seinem Hang zum Erzwungenen und Gewaltsamen, sehnt sich nach kriegerischer Bewährung in «Pelops Land», er stamme von hohen Ahnen ab, liebe die «besten Frauen» und komme mit den Sittengesetzen in Konflikt. Typisch für ihn ist seine unverwechselbare Art zu dichten, «ein eigenster Gesang». Sein Streben nach dem Höchsten ist jedoch gescheitert.

Dem Stil Goethes entspricht es, im Besonderen das Allgemeine auszudrücken: Euphorion ist nicht nur ein Abbild von Byrons Persönlichkeit, sondern auch gleichzeitig das Symbol der modernen Poesie, die aus der Vereinigung des klassischen mit dem romantischen Geist entstanden ist.

Es fällt auf, daß das Bild Euphorions keineswegs nur in hellen Farben gehalten ist. Goethe wurde durch manche Eigenschaft des Dichters abgestoßen. Seine «hypochondrische Leidenschaft»[202], sein heftiger Selbsthaß, seine beständige Selbstquälerei, die negative Richtung seines Wesens, seine unbarmherzige Kritik an den bestehenden Verhältnissen in Staat und Gesellschaft befremden ihn. Er bedauert es, daß dieser Geist der Opposition die Reinheit seiner Dichtung beeinträchtige. «Verhaltene Parlamentsreden»[203] nennt er die kritischen Elemente seiner Dichtung, denn da der Lord im Parlament nicht genügend zum Reden gekommen sei, habe er seine Poesie mit diesen politischen Ideen belastet. Immer «im Naturzustand» lebend, habe er sich selber alles erlaubt und an anderen nichts gebilligt, schließlich sei er an seiner «Zügellosigkeit» zugrunde gegangen.[204]

Doch Byrons Gedichte werden Goethe immer wichtiger, er liest auch die Verserzählungen *Der Korsar* und *Lara* «nicht ohne Bewunderung und Anteil»[205] und spricht trotz seiner kritischen Vorbehalte oft und gern von Byrons großer Persönlichkeit. Im Grunde genommen ist der Lord der einzige zeitgenössische Dichter, dem er den gleichen poetischen Rang einräumt wie sich selbst. An dichterischer Erfindungskraft übertreffe niemand den Engländer, behauptet Goethe in einem Gespräch mit Eckermann. Und wie ein regierender Fürst seine Ordenssterne, verteilt der Olympier die formelhaften Prädikate, die er bedeutenden Persönlichkeiten zuzubilligen pflegt: sein Talent nennt er «incommensurabel», in seiner Persönlichkeit sei das «Dämonische» wirksam gewesen.[206] Ja, er geht in seiner Hochschätzung – und wie wir heute meinen – Überschätzung des Dichters so weit, daß er sagt: «In Auffassung des Äußern und klarem Durchblick ist er eben so groß als Shakespeare.»[207]

Byron hat sein Drama *Sardanapal dem berühmten Goethe* gewidmet, ehrfürchtig wie es *dem literarischen Vasallen gegenüber seinem Lehnsherrn gebührt*[208]. Und der Lehnsherr antwortet mit einem Gedicht «An Lord Byron». Es ist eine freundliche Huldigung, aber die Verse haben einen versteckten Widerhaken. Da steht auch die beziehungsreiche Anspielung: «Ihm, der sich selbst im Innersten bestreitet»[209]. Heißt das nicht, das Gedicht richtet sich an einen, der immer noch nicht mit sich selbst im reinen ist? Die Verse erreichen ihren Adressaten 1823 in Livorno, als Byron sich auf dem Weg nach Griechenland befindet. Er schreibt respektvoll-bescheiden zurück: *Erlauchter Herr, es würde sich nicht schikken für mich, mit dem, der seit 50 Jahren der unbestrittene Souverän der europäischen Literatur ist, Verse auszutauschen. Sie müssen daher meine aufrichtigste Anerkennung in Prosa annehmen...*[210] Zu seinen Vertrauten aber sagt er weniger respektvoll: *Er ist ein alter Fuchs, der nicht aus seinem Bau herauskommen will und von dort moralische Predigten vorträgt.*[211] Wahrscheinlich ist er verärgert, weil er davon gehört hat, daß Goethe seinen *Don Juan* als unmoralisch bezeichnet hat.[212] Trotz dieser Differenzen und trotz des unverkennbaren Rangunterschieds zeigt sich aber eine auffällige Geistesverwandtschaft zwischen den beiden Dichtern, die sich nie persönlich kennengelernt haben. *Ich ... schmeichle mir mit dem Gedanken, daß es eine gewisse Analogie gibt zwischen unseren Charakteren und unseren Schriften*[213], stellt Byron fest. Und in der Tat, auch die Werke des englischen Dichters sind «Bruchstücke einer großen Konfession»[214], wie Goethe ist er ein Augenmensch «Zum Sehen geboren/Zum Schauen bestellt»[215], beiden genügte eine rein kontemplative Existenz

*Johann Wolfgang von Goethe.
Kreidezeichnung von Ferdinand Jagemann, 1817*

nicht, sie wollten ein tätiges Leben führen, und beide empfanden schmerzlich «die Disproportion des Talents mit dem Leben»[216]. Doch Goethes bekannter Satz über Byron markiert die Grenze zwischen ihnen ganz deutlich: «... Lord Byron ist nur groß, wenn er dichtet, sobald er reflektiert, ist er ein Kind.»[217]

In Byrons Werken wird man keine bedeutenden philosophischen Ideen, keine metaphysische Tiefendimension finden, seine Darstellungen leben von seinen poetischen Einfällen, von seinem Esprit und seiner Weltkenntnis und vom Oberflächenreiz einer bewußten Sprachartistik. Er ist viel zu sehr genialer Improvisator, um seinen Dichtungen – abgesehen vielleicht von einigen seiner Dramen wie zum Beispiel *Sardanapal* – einen streng funktionalen Aufbau zu geben. Byron zieht das Baugesetz der Reihung vor, ein Prinzip, das seiner impulsiven Phantasie Spielraum gibt. Somit entspricht er in seinem Werk nur selten einer ästhetischen Forderung, die er selbst einmal aufgestellt hat. Von einer großen Dichtung verlangt er... *einen einheitlichen Plan, eine Verbindung der Teile, die alle zur*

Byron-Büste von Lorenzo Bartolini

Entwicklung des Ganzen beitragen sollen. Die Handlung sollte sich entfalten und immer größere Schönheit und Kraft und größeres Interesse zeigen.[218] Daß er besonders in den Verserzählungen manchmal nachlässig ist, hat schon sein Freund Moore festgestellt, allerdings in außerordentlich höflicher und zartfühlender Weise: «Sie sind sorglos, aber Sie können sich das leisten, und wann immer Sie schlummern, ist es wie beim Albatros, hoch in der Luft mit ausgespannten Flügeln.»[219] Eine gewisse Sorglosigkeit zeigt sich auch in seiner Menschendarstellung, die Personen sind nur mit großen Strichen umrißhaft gezeichnet, sie sind nicht so sehr leidenschaftliche Personen als vielmehr personifizierte Leidenschaften.

Ein Ziel, das Byron anstrebt, ist poetischer Glanz, der mitreißende dichterische Ausdruck, Gefühlsabenteuer, Empfindung, Einfühlung, Ekstase, ein Ziel, das er besonders in seiner romantischen Lyrik erreichen wollte. Er liebt das fortissimo des Gefühls, aber zuweilen wirken seine Dichtungen nicht ausdrucksvoll, sondern bombastisch, melodramatisch, sentimental. Aber auch sein anderes Ziel, die «Opposition», das «Negative», wie der alte Goethe abschätzig sagte, die satirische Kritik an den sozialen und politischen Verhältnissen mit den Maßstäben einer vorurteilslosen Vernunft, prägen einen wichtigen Teil seines Werkes. Mit dieser doppelten Zielsetzung erhält Byron eine Sonderstellung in der Gruppe der englischen Romantiker. Im Unterschied zu Wordsworth, Keats, Coleridge, Southey könnte man ihn einen «aufgeklärten Romantiker» nennen. Auch unter einem anderen Aspekt kann Byron nur mit Einschränkungen zu den romantischen Dichtern gerechnet werden. Die englische Romantik lehnt den poetischen Stil des Klassizismus ab. Die dichterische Sprache soll nicht geistvoll-pointiert und rational, sondern einfach und natürlich sein. Sie ist Ausdruck der schöpferischen Einbildungskraft des Künstlers. Die poetische Imagination offenbart das hinter der alltäglichen Wirklichkeit verborgene innere Wesen, das Leben der Dinge. Es ist nicht entscheidend, wie Lebewesen und Dinge an sich sind, sondern für die Romantiker ist die Resonanz wichtig, die sie in ihrer Gefühlswelt und in ihrem Bewußtsein wecken. Für Byron sind die Fakten wichtiger als die Phantasie; er besingt auch nicht die Welt in schlichter Sprache. Aber wie bei den Romantikern ist auch für ihn die Natur die große Offenbarung, und bei ihm ist – radikaler als bei jedem anderen englischen Romantiker – das subjektive Erlebnis der Welt, der gefühlsgeladene Ausdruck persönlicher Empfindungen der Mittelpunkt seines Dichtens.

Byrons Wirkung auf die Mit- und Nachwelt war weitreichend. In Deutschland war es insbesondere Heinrich Heine, der nach seinem Vorbild die Verbindung des Pathetischen mit dem Komischen suchte. Zwar lehnte er die weltschmerzliche Bitterkeit Byrons ausdrücklich ab. Aber sein schönes Gedicht «Childe Harold»[220], das die Trauer um den toten Dichter zum Ausdruck bringt, verrät deutlicher als alle Erklärungen, daß sich Heine, ein Weltbürger und aufgeklärter Romantiker wie Byron, dem englischen Dichter verbunden fühlte. Nikolaus Lenau dichtete weltschmerzlich-melancholische Lyrik. Schumanns Musik wurde angeregt durch Byrons *Manfred* (Ouvertüre zu «Manfred»), und er vertonte «Drei hebräische Gesänge nach Byron».

Der französische Dichter Alphonse de Lamartine widmete Byron ein Gedicht zu dessen Lebzeiten. Byron inspirierte Berlioz zu einer Symphonie «Harold in Italien» (1834), der Maler Delacroix wählte Themen aus *Der Giaur, Die Braut von Abydos, Der Korsar* und die berühmte Schilderung des Schiffbruchs aus *Don Juan* als Motive für seine monumentalen Bilder. Als sein Meisterwerk wird das allegorische Bild «Griechenland auf den Ruinen von Missolunghi» (1827) betrachtet.

In Italien komponierte Donizetti seine Oper «Il Diluvio Universale», wobei er als Textvorlage Byrons Drama *Himmel und Erde* benutzte, außerdem schrieb er eine Oper «Parisina» und «Marino Faliero». Verdis Opern «I Due Foscari» und «Il Corsaro» beziehen sich auf Byrons gleichnamige Texte.

Daß sich auch in England das Klima zugunsten Byrons veränderte, wird deutlich an der Tatsache, daß Benjamin Disraeli einen Roman «Venetia» schrieb, dessen Held, Lord Cadurcis, ein Abbild Byrons ist. Der große Maler Turner stellte viele Szenen aus seinen Werken dar. Von John «Mad» Martin stammt ein Gemälde «Manfred auf der Jungfrau» und «Die Sintflut» nach dem Vorbild des Dramas *Himmel und Erde*. Ford Madox Browne malte den unglücklichen Bonivard, der im Schloß Chillon in Ketten schmachtet.

In der Verserzählung «Der Gefangene im Kaukasus» von Puschkin wirkt das Vorbild Childe Harolds nach; Lermontow übersetzte Byron ins Russische, seine Verserzählung «Der Dämon» zeigt deutlich den Einfluß des englischen Dichters.

Byrons propolnische und antirussische Tendenzen (in «Don Juan» und «Das bronzene Zeitalter») wirkten in Polen als Aufruf zum Kampf gegen die Russen (1830/31).

Polens Nationaldichter Adam Mickiewicz und Juliusz Swowacki übersetzten Byron. Mickiewicz schrieb einen Roman «Konrad Wallenrod» (1828), nach dem Muster des Korsaren, in dessen Mittelpunkt ein Held vom Typus der Byron-Helden steht.

Mindestens ebenso groß wie sein Einfluß als Dichter war der Einfluß des Freiheitskämpfers Byron. Als die Türken im Jahre 1826 Missolunghi eroberten und die ganze Bevölkerung brutal abschlachteten, ging in Erinnerung an Byrons Tod in dieser Stadt ein Schrei der Empörung durch Europa. Und als ein Jahr später englische und französische Schiffe zur Beobachtung der türkischen Flotte ins Mittelmeer entsandt wurden, griffen die Flottenbefehlshaber, die im Herzen ganz auf der Seite der Griechen standen, die türkische Flotte bei Navarino eigenmächtig an. Damit brach ein Krieg gegen die Türkei aus, den die Regierungen nicht gewollt hatten, der aber von der öffentlichen Meinung in Europa leidenschaftlich unterstützt wurde. Im Frieden von Adrianopel (1829) mußte die Hohe Pforte ein selbständiges Griechenland anerkennen. Byrons Einsatz für die Sache der Freiheit war nicht vergeblich.

Anmerkungen

Wenn nichts anderes angegeben ist, stammen die Übersetzungen aus dem Englischen vom Verfasser. Folgende Abkürzungen werden verwendet
W The Works. A New, Revised, and Enlarged Edition with Illustrations, including Portraits, 13 vols (1898–1904); Poetry, ed. E. H. Coleridge, 7 vols; Letters and Journals, ed. R. H. Prothero, 6 vols, Reprinted 1966; Octagon Books. Inc. New York 175 Fifth Avenue, N. Y. 10010.
SW Lord Byron. Sämtliche Werke. Bd 1–3, München o. J. (1977/8). Nach der historisch-kritischen Ausgabe ergänzt und mit Anmerkungen herausgegeben von Siegfried Schmitz. Mit einem Nachwort des Herausgebers.
G Byron in seinen Briefen und Tagebüchern. Dargestellt von Cordula Gigon. Zürich 1963
L Ernest J. Lovell, His very Self and Voice. Collected Conversations of Lord Byron. New York 1954

1 Goethes Werke Bd. VIII Hamburg 1959[4]. Anmerkungen von Erich Trunz. S. 294
2 Robert Southey, The Poetical Works (1844–1849), 10 volumes in 5, vol. V, p. 206. Hildesheim, New York 1977 (Anglistica and Americana. A Series of Reprints Selected by Bernhard Fabian, Edgar Mertner, Karl Schneider and Marvin Spevack)
3 L p. 444, Dr. James Kennedy, ohne Datum
4 L p. 269, E. J. Trelawny, ohne Datum
5 Vgl. den Forschungsbericht, Critical review of research by Clement Tyson Goode jr. p. 166. In: George Gordon, Lord Byron. A comprehensive bibliography of secondary materials in English 1807–1974 by Oscar José Santucho. The Scarecrow Author Bibliographies No 30. The Scarecrow Press, Inc. Metuchen, N. J. 1977
6 Lord Byron. Sämtliche Werke Bd. 1–3. München o. J. (1977/8) – Nach der historisch-kritischen Ausgabe ergänzt und mit Anmerkungen herausgegeben von Siegfried Schmitz. Die vorliegende Arbeit verdankt dieser maßgeblichen Ausgabe und dem Nachwort des Herausgebers wichtige Hinweise
7 SW Bd. 2 «Don Juan» S. 73ff
8 SW Bd. 2. «A Narrative of the Honourable John Byron» (1768). Vgl. Anmerkungen S. 855
9 SW Bd. 2, S. 818
10 SW Bd. 2 «Don Juan» X,36, S. 346
11 G S. 210, Tagebuch, Dienstag, 7. Dez. (1813)
12 Journal of the Conversations of Lord Byron. Noted during a Residence with his Lordship at Pisa, in the Years 1821 and 1822, by T. Medwin. London 1824, p. 337.
13 a. a. O. p. 57
14 SW Bd. 1 S. 842

15 G S. 200, Tagebuch, Donnerstag, 26. November (1813); vgl. auch G S. 203
16 SW Bd. 1, S. 842
17 G S. 5
18 SW Bd. 3 «Manfred» III, 3, S. 41
19 W vol. 6 p. 231
20 Gespräche mit Goethe in den letzten Jahren seines Lebens. Von Johann Peter Eckermann. Hg. von Dr. H. H. Houben. Leipzig 1916. S. 119
21 W vol. 1 p. IX
22 L p. 12. Reported by Th. Moore, o. D.
23 L p. 390, James Hamilton Browne, o. D.
24 G S. 233, Tagebuch 10. März, Thors Tag (1814)
25 L p. 588, Dr. Julius Millingen, o. D., vgl. auch G S. 653
26 G S. 283
27 SW Bd. 3 «Kain» I,1 S. 391
28 SW Bd. 3 «Kain» I,1 S. 397
29 L p. 35, July 18, 1810 and after: Lord Sligo, Reported by Thomas Moore
30 z. B. Richard Knolles (1550?–1610): «The Turkish History, from the Origin of that Nation to the Growth of the Ottoman Empire, with the Lives and Conquests of their Princes and Emperors ...» 1697. Zitiert nach Leslie A. Marchand, Byron. A biography. Vol. I, New York 1957, Notes to Chapter II p. 38, 1 25
31 G S. 200/1, Tagebuch, Donnerstag, 26. November (1813)
32 Unveröffentlichtes Manuskript. Newton Hansons Bericht in der Sammlung Murray. Zitiert nach Marchand a. a. O. Bd. 1 S. 57
33 G S. 145, An Lady Melbourne, 25. Sept. 1812
34 G S. 380 Brief an John Murray, Venedig, 2. Jan. 1817
35 G S. 14
36 G a. a. O.
37 SW Bd. 2 «Don Juan» X,17,18 S. 341
38 SW Bd. 2 «Erinnerungen an die Kindheit» S. 584
39 Thomas Moore, Letters and Journals of Lord Byron, with Notices of his life, 2 vols, London 1830. Vol I, p. 38/9
40 SW Bd. 1 «Childe Harolds Pilgerfahrt» IV,75/6, S. 134
41 SW Bd. 1 «Childe Harolds Pilgerfahrt» IV, Anmerkungen S. 639
42 SW Bd. 1 «Bei einem Wechsel der Lehrer an einer großen öffentlichen Schule», S. 534f
43 G S. 23 Brief an die Ehrenwerte Augusta Byron, Freitag, 2. Nov. 1804
44 G S. 21 Brief an Augusta. Harrow-on-the-Hill, 25. Okt. 1804
45 SW Bd. 2 «Der Traum» S. 804
46 G S. 18
47 G S. 23 Brief an Augusta v. 2. Nov. 1804
48 Zitiert nach Marchand a. a. O. vol. I p. 80
49 G S. 555 «Gelegentliche Gedanken», aufgeschrieben in Ravenna 1821
50 SW Bd. 2 Gedichte 1814–24, «Epistel an Augusta» S. 794
51 SW Bd. 2 «Gedanken bei einer Collegeprüfung». Ein Gedicht aus dem Jahr 1806. S. 562ff
52 G S. 47 An Elizabeth Bridget Pigot. Cambridge, 26. Okt. 1807
53 G S. 41 An Elizabeth Bridget Pigot. Cambridge, 30. Juni 1807
54 G S. 42 An Elizabeth Bridget Pigot. Trinity College, Cambridge, 5. Juli 1807
55 SW Bd. 2 Gedichte S. 622, S. 566, S. 721ff. Der Name «Thyrza» ist ein Hinweis auf Geßners Dichtung «Tod Abels», dort heißt Abels Frau «Thirza»
56 G S. 110
57 G S. 50, 30. Nov. 1807
58 SW Bd. 2 «Verse an eine junge Dame», S. 548

59 Besonders hervorgehoben hat Blackstone (Bernard Blackstone, Byron. London 1957 p. 134) das Gedicht «O du im vollen Lenz geraubt» SW Bd. 2, S. 750 – Die hebräischen Melodien wurden von Braham und Nathan vertont und 1815 veröffentlicht
60 SW Bd. 2, S. 596
61 SW Bd. 2, S. 632
62 Selbstironisch nennt sich Byron einmal selbst in der Satire «Die Blaustrümpfe» (SW Bd. 3, S. 379) «flüchtiger Versfabrikant»
63 G S. 51/2
64 G S. 52
65 SW Bd. 2, S. 646ff
66 L p. 317, 17.–20. 9. 1822: John Cam Hobhouse
67 SW Bd. 3, S. 619
68 Zitiert nach Blackstone a. a. O. S. 257
69 SW Bd. 3, S. 613
70 SW Bd. 3, S. 616
71 G S. 202/3 Tagebuch, Samstag, den 27. (Nov. 1813)
72 G S. 382 An John Murray, Venedig, 2. Jan. 1817
73 SW Bd. 1, S. 14
74 G S. 171 Brief v. 6. Sept. 1813 an Miss Milbanke
75 David Hume, The Philosophical Works. Ed. by Thomas Hill Green and Thomas Hodges Grose. In 4 vols. Reprint of the new edition London 1886. Vol. 1–4. Aalen 1964
76 L p. 418 Thomas Smith o. D.
77 SW Bd. 1, S. 9 – Byron in seinem «Zusatz zum Vorwort» zu seiner Ausgabe von «Childe Harolds Pilgerfahrt». London 1813
78 SW Bd. 1 Anmerkungen S. 664
79 William Beckford «Vathek». London 1953 p. 122/3
80 G S. 64 An Francis Hodgson. Lissabon, 16 Juli 1809
81 G S. 67 An seine Mutter. Gibraltar, 11. Aug. 1809
82 G S. 143 Brief an Lady Melbourne. Cheltenham, 15. Sept. 1812
83 W p. 249, No 131. To his Mother, Nov. 12, 1809
84 G S. 73 Brief an die Mutter. Prevesa, 12. Nov. 1809
85 a. a. O.
86 W p. 250. No 131. To his Mother, Nov. 12. 1809
87 G S. 83
88 Angriffe gegen Lord Elgin finden sich z. B. in «Childe Harold» II, SW Bd. 2, S. 71 und in «Der Fluch der Minerva» SW Bd. 1, S. 169ff
89 G S. 83. Vgl. das Gedicht «Als ich von Sestos nach Abydos geschwommen war» SW Bd. 2, S. 710 und «Don Juan» II,105 SW Bd. 2, S. 93
90 G S. 84/5
91 L p. 34f July 18, 1810 and after: Lord Sligo
92 Elizabeth Longford, Byron. London 1976 p. 35
93 G S. 94 Gemeint ist der «coitus plenus et optabilis», d. h. die vollkommene sexuelle Befriedigung – Vgl. die Satiren des Petronius 86.4 – Brief an John Cam Hobhouse. Das Kloster, Athen, 23. August 1810
94 G S. 98 An J. C. Hobhouse. Patras, Morea, 4. Okt. 1810
95 G S. 103
96 G S. 99 An seine Mutter. Athen, 14. Januar 1811
97 L p. 39 July 15/16 1811, R. C. Dallas
98 Eckermann a. a. O. S. 202
99 L p. 85 Last Half of 1814, Isaac Nathan
100 SW Bd. 1, S. 163ff
101 SW Bd. 2, S. 597

102 W p. 195 To his Mother. Newstead Abbey, Nov. 2nd, 1808
103 G S. 198 Tagebuch vom 23. Nov. 1813
104 G S. 199 Tagebuch vom 23. Nov. 1813
105 L p. 21 March 13, 1809: R. C. Dallas
106 SW Bd. 2, S. 769 «Windsor – Poesie». Vgl. die Anmerkungen S. 771
107 SW Bd. 2, S. 9 ff
108 Vgl. G. M. Trevelyan, English social history, London 1972³ p. 463 ff
109 G S. 119 St. James's street 8, 25. Februar 1812
110 a. a. O.
111 G S. 120
112 Henry Richard Vasall, third Lord Holland, Further Memoirs of the Whig Party 1807–1821 New York 1905 p. 123
113 G S. 121 An Francis Hodgson. St. James's street 8, 5. März 1812
114 SW Bd. 2, S. 811
115 L p. 567 William Parry o. D.
116 W II p. 442/3
117 G S. 190 Tagebuch 14. Nov. 1813
118 SW Bd. 1, S. 224 «Der Giaur»
119 Ethel Colburn Mayne, The life and letters of Anne Isabella Lady Noel Byron. New York 1930 p. 151
120 SW Bd. 2, S. 736
121 G S. 136 An Lady Caroline Lamb. 12. August 1812
122 G S. 149 An Lady Caroline Lamb o. D.
123 G S. 148
124 G S. 184 An Lady Melbourne, 14. Okt. 1813
125 G S. 216 An Lady Melbourne, 11. Jan. 1814
126 G S. 215
127 G a. a. O.
128 G S. 204
129 SW Bd. 2, S. 795
130 SW Bd. 3, S. 24
131 G S. 240 An Lady Melbourne, 25. April 1814
132 Über Medoras Schicksal berichtet Claus Schrempf, Lord Byron stirbt für Griechenland. Berlin 1938 S. 381/82
133 G S. 168
134 G S. 190 Tagebuch vom 14. Nov. 1813
135 G S. 278 Hobhouses Tagebuch vom 30. Dez.
136 G S. 144
137 G S. 266 Brief an Lady Milbanke vom 26. 9. 1814
138 G S. 282 Brief an Lady Melbourne vom 7. 1. 1815
139 G S. 285
140 L p. 116 April 7–June 10, 1815; Sir Walter Scott
141 L p. 150 Jan. 14, 1816: Lady Byron (Reported by Harriet Beecher Stowe)
142 L p. 151 January 20, 1816; Dr. Francis le Mann. To Lady Byron
143 G S. 308 Brief vom 5. Februar 1816
144 Ada, die Tochter aus der Ehe Byron/Milbanke heiratete Lord Lovelace. Im Besitz der Familie Lovelace befinden sich Unterlagen über Byrons gescheiterte Ehe, die der Forschung bisher nur teilweise zugänglich gemacht wurden
145 G S. 346 An die Ehrenwerte Augusta Leigh. Diodati-Genf, 8. Sept. 1816
146 SW Bd. 2, S. 778 «Lebe wohl»
147 SW Bd. 2, S. 809 «Verse geschrieben bei der Nachricht, daß Lady Byron krank sei»
148 G S. 394 Brief an Augusta. Venedig, 19. Juni 1817
149 G S. 326

150 Vgl. Peter Quennell, Byron – The Years of Fame – Byron in Italy. London 1974 p. 243/44
151 SW Bd. 2, S. 70 «Don Juan» II,12
152 L p. 273 Thomas Medwin o. D.
153 SW Bd. 1, S. 94 «Childe Harolds Pilgerfahrt» III,72
154 SW Bd. 2, S. 791 «Sonett an den Genfer See», Diodati, Juli 1816
155 W vol III p. 359
156 Trotzdem wurde «Manfred» in folgenden Jahren aufgeführt: 1834, 1863, 1864, 1867, 1873 – Vgl. Elizabeth Longford, Byron a. a. O. p. 114
157 G S. 387
158 SW Bd. 1, S. 502 «Die Weissagung Dantes»
159 G S. 373 Brief an John Murray. Venedig, 25. Nov. 1816
160 G S. 373/4 An Murray. Venedig, 25. Nov. 1816
161 G S. 427 An Hobhouse und Kinnaird. Venedig, 19. Januar 1811
162 G S. 457 An Wedderburn Webster o. D.
163 G S. 439 An T. Guiccioli, 25. April 1819
164 G S. 461 An Augusta. Ravenna, 26. Juli 1819
165 G S. 451 An T. Guiccioli, 14. Juni 1819
166 G S. 465 An T. Guiccioli, 4. August 1819
167 G S. 483 An Hobhouse o. D.
168 G S. 471 An Hobhouse. Bologna, 23. August 1819
169 G S. 513 An Douglas Kinnaird. Ravenna, 22. Nov. 1812
170 SW Bd. 2, S. 291 «Don Juan» VIII,51
171 G S. 523 Tagebuch. Ravenna, 8. Jan. 1821 Montag
172 Vgl. G S. 508
173 Uraufführung des Stücks im Londoner Drury Lane Theater am 25. April 1821. Vgl. Anmerkungen zu SW Bd. 3, S. 662
174 Uraufführung im Drury Lane Theater am 7. April 1838. Vgl. Anmerkungen zu SW Bd. 3, S. 670
175 Uraufführung 1834. Anmerkungen zu SW Bd. 3, S. 668
176 G S. 574 An Shelley 23. April 1822
177 Vgl. G S. 582
178 Anmerkung SW Bd. 3, S. 676
179 Anmerkung SW Bd. 1, S. 679
180 L p. 465 Early Nov.–December 8, 1823: Dr. Julius Millingen
181 L p. 381 July 16, 1823: Count Pietro Gamba
182 SW Bd. 2, S. 849–851
183 Paul Elledge, Byron and the Dynamics of Metaphor. Nashville 1968
184 Goethe in der Zeitschrift «Über Kunst und Altertum» 1821 SW Bd. 2 Anhang S. 851
185 SW Bd. 2, S. 713 «Das berühmte griechische Kriegslied»
186 G S. 210 Tagebuch, Freitag 10. Dez. 1813
187 G S. 217 An Lady Melbourne 12. Jan. 1814
188 L p. 463 Nov.–Dec. 1823: Dr. Julius Millingen
189 G S. 611 Tagebuch 28. Sept. 1823
190 L p. 406 August 10, 1823: Dr. James Kennedy
191 G S. 628 «An Seine Hoheit Jussuf Pascha, Gouverneur und Kommandant des osmanischen Heeres». Missolunghi, 23. Januar 1824
192 a. a. O.
193 L p. 493 Early January 1824: Dr. Millingen
194 SW Bd. 2, S. 840f
195 SW Bd. 2, S. 843 «An Loukas Chalandritsanos». Das Gedicht erschien bezeichnenderweise erst 1887 in «Murray's Magazine»
196 L p. 518f William Parry o. D.

197 G S. 644 Febr./März 1824 Gespräch mit Dr. Millingen
198 L p. 593 April 18, 6^h: Count Pietro Gamba
199 SW Bd. 2, S. 842 «An diesem Tag vollende ich mein 36. Jahr»
200 Richard Friedenthal, Goethe. Sein Leben und seine Zeit. München 1963, S. 670
201 Goethes Werke Bd. III hg. von Erich Trunz, Hamburg 1960^5, S. 290 ff
202 Goethes Werke Bd. X a. a. O. S. 520
203 Eckermann a. a. O. S. 134
204 Eckermann a. a. O. S. 117
205 Goethes Werke Bd. X a. a. O. S. 520
206 Eckermann a. a. O. S. 376
207 Eckermann a. a. O. S. 118
208 SW Bd. 3, S. 183 «Sardanapal»
209 Goethes Werke Bd. I a. a. O. S. 348
210 W vol VI p. 237 ff July 24, 1823
211 Ernst Beutler, Gespräche mit Goethe. Zürich 1948 Bd. 2, S. 790
212 Beutler a. a. O. S. 50
213 Thomas Medwin, Conversations a. a. O. p. 329 ff
214 Goethes Werke a. a. O. Bd. IX «Dichtung und Wahrheit» 2. Teil, 7. Buch S. 283
215 Goethe a. a. O. Bd. III «Faust II» S. 340
216 Caroline Herder an ihren Mann, Weimar, Mitte März 1789 – Abgedr. in Goethes Werke a. a. O. Bd. V, S. 442
217 Eckermann a. a. O. S. 111
218 L p. 277 Thomas Medwin o. D.
219 Quennell a. a. O. p. 168
220 Heinrich Heine, Sämtliche Werke, hg. von Hans Kaufmann. München 1964 Bd. II, S. 8

Zeittafel

1788	Am 22. Januar wird George Gordon Byron in Holles Street Nr. 16 in London geboren
1789	Byron zieht mit seiner Mutter Catherine geb. Gordon of Gight nach Aberdeen/Schottland
1791	Am 2. August stirbt sein Vater Kapitän John Byron in Valenciennes/ Frankreich
1793–1795	Schulbesuch in Aberdeen
1798	Am 21. Mai wird Byron nach dem Tod des 5. Lord Byron, Baron von Rochdale und erbt das Familienschloß Newstead Abbey
1801–1805	Byron in der Internatsschule Harrow
1803	Liebe zu Mary Chaworth
1806	Seine erste Gedichtsammlung *Flüchtige Stücke* (Fugitive Pieces) erscheint anonym
1807	Byrons Gedichte *Stunden der Muße* (Hours of Idleness) werden veröffentlicht
1809	Lord Byron Mitglied des Oberhauses – Seine Verssatire *Englische Barden und schottische Rezensenten* (English Bards and Scotch Reviewers) erscheint – Am 2. Juli segeln Byron und sein Freund Hobhouse von Falmouth aus nach Griechenland und in die Türkei. Sie besuchen u. a. Lissabon, Gibraltar, Malta, Janina und Athen – Im Oktober: Byron beginnt sein Versepos *Childe Harolds Pilgerfahrt* (Childe Harold's Pilgrimage)
1810	Am 3. Mai durchschwimmt Byron den Hellespont von Sestos nach Abydos
1811	*Der Fluch der Minerva* (The Curse of Minerva) wird in Athen begonnen, aber zu Lebzeiten des Dichters nicht veröffentlicht. – 14. Juli: Rückkehr nach England. – 1. August: Byrons Mutter stirbt
1812	Die ersten beiden Gesänge des *Childe Harold* werden veröffentlicht. Zusammentreffen mit Lady Milbanke. Liebesaffären mit Caroline Lamb und Lady Oxford
1813	Intime Beziehungen zu seiner Halbschwester Augusta. – Die Verserzählungen *Der Giaur* (The Giaour), *Die Braut von Abydos* (The Bride of Abydos) und das Verspamphlet *Der Walzer* (The Waltz) erscheinen im Druck
1814	*Der Korsar* (The Corsair) und *Lara* (Lara) werden veröffentlicht
1815	Heirat mit Annabella Milbanke. Veröffentlichung der Gedichte *Hebräische Melodien* (Hebrew Melodies). – Am 10. Dezember wird die Tochter Ada geboren

1816	Byron trennt sich von seiner Frau. Die Verserzählungen *Die Belagerung von Korinth* (The Siege of Corinth) und *Parisina* (Parisina) erscheinen. – 23. April: Byron flieht aus England. Reise über Belgien in die Schweiz. Am Genfer See trifft er Shelley. – 5. Oktober: Weiterreise nach Venedig. – 18. November: Der 3. Gesang des *Childe Harold* wird veröffentlicht. – 5. Dezember: *Der Gefangene von Chillon* (The Prisoner of Chillon) erscheint
1817	Geburt von Byrons und Claire Clairmonts Tochter Allegra. – Am 29. April besuchen Byron und Hobhouse gemeinsam Rom. – 16. Juni: Veröffentlichung des Dramas *Manfred* (Manfred) und der Blankverserzählung *Die Klage Tassos* (The Lament of Tasso)
1818	22. Februar: Die Verserzählung *Beppo* (Beppo) erscheint. 28. April: Der 4. Gesang von *Childe Harold* wird veröffentlicht
1819	Liebesverhältnis mit der Gräfin Teresa Guiccioli; am 10. Juni folgt ihr Byron nach Ravenna. – *Mazeppa* (Mazeppa), die *Ode an Venedig* (Ode on Venice) und die beiden ersten Gesänge der Verssatire *Don Juan* (Don Juan) werden veröffentlicht
1820	6. Juli: Teresas Ehe durch päpstliches Dekret aufgelöst
1821	Byron zieht nach Pisa. Im Dezember erscheinen: die Gesänge 3–5 von *Don Juan*, die Dramen *Die beiden Foscari* (The Two Foscari), *Kain* (Cain), *Sardanapal* (Sardanapalus) und das Versepos *Die Weissagung Dantes* (The Prophecy of Dante)
1822	Allegra stirbt am 20. April. Shelley ertrinkt am 8. Juli bei einer Bootsfahrt. Byron zieht nach Genua. – Das Drama *Werner oder das Erbe* (Werner or The Inheritance) und die Verssatire *Die Vision des Gerichts* (The Vision of Judgement) liegen gedruckt vor
1823	16. Juli: Aufbruch nach Griechenland. – Die letzten Dramen *Die Blaustrümpfe* (The Blues), *Himmel und Erde* (Heaven and Earth), *Der umgestaltete Mißgestalte* (The Deformed Transformed), die Verserzählungen *Das bronzene Zeitalter* (The Age of Bronze), *Die Insel* (The Island) und die Gesänge 6–14 des *Don Juan* werden veröffentlicht
1824	Byron trifft in Missolunghi ein, um am Freiheitskampf der Griechen gegen die Türken teilzunehmen. – Veröffentlichung der Gesänge 15 und 16 des *Don Juan* im Verlag John Hunt. – Am 19. April: Byrons Tod – Am 16. Juli: Beisetzung in Hucknall Torckard bei Nottingham

Zeugnisse

Was Genie betrifft, hat seine Dichtung wenig ihresgleichen; und tat er in mancher Hinsicht großes Unrecht, so ist er doch nicht schlimmer gewesen als die meisten Männer seines Ranges in London, die dasselbe getan haben, und von denen man nicht spricht, weil es sich nicht lohnt, sie zu schmähen.
Walter Scott in «Quarterly Review». 1816

Männer ungesunden Herzens und verderbter Einbildungskraft haben ein ihrer unseligen Lebensführung entsprechendes moralisches System ausgebildet ... Sie sind bestrebt, andere so unglücklich zu machen wie sie selbst sind, indem sie sie mit einem moralischen Virus anstecken, der die Seele befällt. Die Schule, die sie errichtet haben, kann mit Recht Satanische Schule genannt werden. Ihre Werke atmen in ihren wollüstigen Teilen den Geist Belials, in den ekelerregenden Bildern der Ungeheuerlichkeiten und Scheußlichkeiten, in denen sie schwelgen, aber den Geist Molochs.
Robert Southey im Vorwort zu «Vision des Gerichts». 1821

Wenn jener einzigartige Mann in gehobener Stimmung war und mit Begeisterung sprach, waren seine Gefühle edel, bedeutend, groß, und mit einem Wort, dann entsprachen sie seinem Genie. Aber in den prosaischen Momenten des Lebens schienen mir die Gefühle des Dichters sehr gewöhnlich. Da war viel kleinliche Eitelkeit, eine dauernde und kindische Furcht davor, lächerlich zu erscheinen und manchmal ... jene Heuchelei, die die Engländer «cant» nennen.
Stendhal, Brief an Louise S. Belloc. 1824

Du bist traurig über Byron, aber ich bin sehr froh über seinen Tod, der ein erhabenes Thema für die Dichtung ist. Byrons Genie verblaßte mit seiner Jugend ... er erreichte plötzlich das Stadium der Reife und Männlichkeit, sang sein Lied und verstummte und kehrte nicht mehr zu seinen ersten Tönen zurück ...
Alexander Puschkin, Brief an Vyazemsky. 1824

Byron ... der in seinem ganzen Streben den Gegensatz zu Scott bildete, und statt gleich diesem den Untergang der alten Formen zu beklagen, sich sogar von denen, die noch stehengeblieben sind, verdrießlich beengt fühlt, sie mit revolutionärem Lachen und Zähnefletschen niederreißen möchte und in diesem Ärger die heiligsten Blumen des Lebens mit seinem melodischen Gifte beschädigt und sich wie ein wahnsinniger Harlekin den Dolch ins Herz stößt, um mit dem hervorströmenden schwarzen Blute Herren und Damen neckisch zu bespritzen. Wahrlich in diesem Augenblick fühle ich sehr lebhaft, daß ich kein Nachbeter oder besser gesagt Nachfrevler Byrons bin, mein Blut ist nicht so spleenisch schwarz, meine Bitterkeit kommt nur aus den Galläpfeln meiner Tinte ...
Heinrich Heine: «Die Nordsee». 1826

Ich kenne kein schöneres Sinnbild für die zukünftige Bestimmung und die Mission der Kunst als den Tod Byrons in Griechenland. Die heilige Allianz der Dichtung mit der Sache der Völker, die Vereinigung – die immer noch so selten ist – des Gedankens mit der Tat, die allein das menschliche Wort zur Vollendung bringt und die dazu bestimmt ist, die Welt zu befreien ... dies alles ist jetzt die Religion und die Hoffnung der Partei des Fortschritts in ganz Europa.
Giuseppe Mazzini in «Monthly Chronicle». 1839

Neben seiner erstaunlichen Kraft und Leidenschaft besaß er einen tiefen Sinn für das Schöne in der Natur und im menschlichen Tun und Leiden. Wenn er innerlich beteiligt ist an seiner Arbeit, wenn er inspiriert ist, scheint die Natur ihm selbst die Feder zu führen ... mit ihrer eigenen durchdringenden Einfachheit.
Matthew Arnold: «Byron». 1881

Byron war der Dichter eines unruhigen Zeitalters. Die Französische Revolution hatte große Hoffnungen erweckt und enttäuscht. Die napoleonischen Kriege boten Anlaß zu großen und vergeblichen Heldentaten. Millionen von Menschen hatten gleich Byron das Gefühl der Ungerechtigkeit und Sinnlosigkeit der Weltordnung. Für sie ebenso wie für Byron selbst waren seine Dichtungen «der Vulkan, dessen Ausbruch ein Erdbeben verhinderte».
André Maurois: «Byron». 1930

Als Erzähler müssen wir Byron in der Tat sehr hoch einschätzen ... Was die Erzählungen interessant macht, ist zuerst der mitreißende Schwung der Verse und seine Geschicklichkeit, durch gelegentliche Variationen Monotonie zu vermeiden und zweitens sein besonderes Talent für Abschweifungen. Die Abschweifung ist in der Tat eine der wichtigsten Kunstgriffe des Erzählers. Die Wirkung von Byrons Abschweifungen besteht darin, daß unser Interesse am Erzähler der Geschichte beständig wachgehalten wird und daß wir dadurch größeres Interesse an der Geschichte finden.

Thomas Stearns Eliot: «Byron». 1937

Die Welt bestand darauf, sich ein vereinfachtes Bild von ihm zu machen, indem sie das Element der Pose in seiner kosmischen Verzweiflung und in seiner erklärten Menschenverachtung außer acht ließ. Wie bei vielen anderen prominenten Leuten war er als Mythos bedeutender denn als wirkliche Person. Als Mythos war seine Bedeutung ungeheuer, besonders auf dem Kontinent.

Bertrand Russell: «History of Western Philosophy». 1946

Er spricht zu uns über eineinhalb Jahrhunderte hinweg wie keiner seiner Zeitgenossen, indem er in seinen Briefen und im «Don Juan» eine geistige Beweglichkeit, eine Lässigkeit, eine Toleranz zum Ausdruck bringt, die wir ohne besondere Anstrengung verstehen. Seine sprachliche Gewandtheit erstaunt uns immer noch, aber nicht in dem Maße wie seine Modernität. Von all denjenigen, die damals lebten, spricht nur noch William Blake in seiner ganz anderen Art so deutlich zu uns. Indem er für seine persönliche Freiheit kämpfte, kündigte er unsere Freiheit an.

Peter Brent: «Lord Byron». 1974

Der Pilger der Ewigkeit, wie ihn Shelley in «Adonais» nannte, hat, so kann man es sehen, die Völker von der Unterdrückung, die Gesellschaft von der Heuchelei, die Sprache von der Banalität und den Dichter aus seinem Elfenbeinturm befreit.

Elizabeth Longford: «Byron». 1976

Bibliographie

1. Bibliographien. Nachschlagewerke

Bibliographical catalogue of first editions, proof copies & manuscripts of books by Lord Byron. Exhibited at the Fourth Exhibition held by the First Edition Club, January 1925. London 1925 [Neudr. 1969]

WISE, THOMAS J.: A bibliography of the writings in verse and prose of George Gordon Noel, Baron Byron. 2 Bde. London 1933 [Neudr. 1963]

Keats, Shelley, Byron, Hunt, and their circles. A bibliography. Lincoln, Neb. u. a. – 1950/62 (1964). – 1962/74 (1978) [Zusammenfassung der laufenden Bibliographien im Keats-Shelley journal]

SANTUCHO, OSCAR JOSÉ: George Gordon, Lord Byron. A comprehensive bibliography of secondary materials in English, 1807–1974. With a critical review of research by Clement Tyson Goode, jr. Metuchen, NJ 1977

Byron criticism since 1952. A bibliography. Ronald B. Hearn u. a. Salzburg 1980

PAGE, NORMAN: A Byron chronology. Basingstoke u. a. 1988

GOODE, CLEMENT TYSON: George Gordon, Lord Byron. A comprehensive, annotated research bibliography of secondary materials in English 1973–1994. Lanham, Md. u. a. 1997

2. Werke

a) Erstausgaben

Fugitive pieces. Newark 1806
Poems on various occasions. Newark 1807
Hours of idleness. A series of poems original and translated. Newark 1807
Poems original and translated. Newark 1808
English bards and Scotch reviewers. A satire. London 1809
Address written by Lord Byron. London 1812
Childe Harold's pilgrimage. A romaunt. London. – Cantos I and II. 1812. – Canto III. 1816. – Cantos I – IV. 1819
The curse of Minerva. A poem. London 1812
Waltz. An apostrophic hymn [by Horace Hornem, Esq.]. London 1813
The Giaour. A fragment of a Turkish tale. London 1813
The bride of Abydos. A Turkish tale. London 1813
The corsair. A tale. London 1814
[Anonym] Ode to Napoleon Buonaparte. London 1814
Lara. A tale. London 1814
Hebrew melodies. Ancient and modern with appropriate symphonies and accompaniments. London 1815
[Anonym] The siege of Corinth. A poem. Parisina. A poem. London 1816

Poems. London 1816

The prisoner of Chillon and other poems. London 1816

Monody on the death of the Right Hon. R. B. Sheridan. Written at the request of a friend, to be spoken at Drury Lane. London 1816

The lament of Tasso. London 1817

Manfred. A dramatic poem. London 1817

[Anonym] Beppo. A Venetian story. London 1818. – Fourth edition, with additional stanzas, 1818

Mazeppa. A poem. London 1819

Don Juan. London. – Cantos I and II. 1819. – Cantos III – V. 1821. – Cantos VI – VIII. 1823. – Cantos IX – XI. 1823. – Cantos XII – XIV. 1823. – Cantos XV and XVI. 1824

Marino Faliero, Doge of Venice. A historical tragedy. The prophecy of Dante. A poem. London 1821

Sardanapalus. A tragedy. The two Foscari. A tragedy. Cain. A mystery. London 1821

The vision of judgement. London 1822

[Anonym] Heaven and earth. A mystery. London 1823

[Anonym] The age of bronze – or, Carmen seculare et annus haud mirabilis. London 1823

The island – or, Christian and his comrades. London 1823

Werner. A tragedy. London 1823

The parliamentary speeches of Lord Byron. Printed from the copies prepared by his Lordship for publication. London 1824

The deformed transformed. A drama. London 1824

b) Gesamtausgaben

The works of Lord Byron. Hg. Rowland E. Prothero. 6 Bde. London 1902/04

The complete poetical works. Hg. Jerome J. McGann. Oxford 1980 ff. – 1. 1980. – 2. Childe Harold's pilgrimage. 1980. – 3. 1981. – 4. 1986. – 5. Don Juan. 1986. – 6. 1991. – 7. 1993

George Gordon Byron. New York u. a. 1985 ff. (The manuscripts of the younger romantics. A facsimile edition, with full transcriptions and commentary). – 1. Poems 1807–1818. 1986. – 2. Don Juan, cantos I – V. Hg. Alice Levine u. a. 1985. – 3. Poems 1819–1822. Hg. Alice Levine u. a. 1988. – 4. Miscellaneous poems. Hg. Alice Levine u.a. 1988. – 5. Don Juan, cantos VI – VII. 1989. – 6. Childe Harold's pilgrimage. 1991. – 7. Childe Harold's pilgrimage, canto III. Hg. T. A. J. Burnett. 1988. – 8. Don Juan, cantos III – IV. Hg. Andrew Nicholson. 1992. – 9. Don Juan, cantos X, XI, XII and XVII. Hg. Andrew Nicholson. 1993. – 10. Don Juan, cantos XIV and XV. Hg. Andrew Nicholson 1995. – 11. Ode to Napoleon Buonaparte and Don Juan, canto VIII, and stanzas from III and IX. Illustrating Byron's attitude toward Napoleon, Wellington, and war. Hg. Cheryl Fallon Giulianu. 1997. – 12. Poems 1807–1824 and Beppo. Hg. Andrew Nicholson. 1998. – 13. The prisoner of Chillon and Don Juan, canto IX. Hg. Peter Cochran. 1995

The complete miscellaneous prose. Hg. Andrew Nicholson. Oxford 1991

c) Auswahlausgaben

Byron. A critical edition of the major works. Hg. Jerome J. McGann. Oxford u. a. 1986

Poetical works. Hg. Frederick Page u. a. London u. a. 1904 [zahlr. Neudr.]

The works of Lord Byron. With introduction and bibliography. Hertfordshire u. a. 1994

d) Briefe. Tagebücher

Byron's letters and journals. The complete and unexpurgated text of all the letters available in manuscript and the full printed version of all others. Hg. Leslie A. Marchand. London 1973 ff. – 1. 1798–1810. 1973. – 2. 1810–1812. 1973. – 3. 1813–1814. 1974. – 4. 1814–1815. 1975. – 5. 1816–1817. 1976. – 6. 1818–1819. 1976. – 7. 1820. 1977. – 8. 1821. 1978. – 9. 1821–1822. 1979. – 10. 1822–1823. 1980. – 11. 1823–1824. 1981. – 12. Anthology of memorable passages and index to the eleven volumes. 1982

e) Deutsche Übersetzungen

Lord Byron's sämmtliche Werke. Hg. Dr. [Johann Valentin] Adrian. Frankfurt a. M. 12 Bde. 1830/37
Lord Byron's sämmtliche Werke. Übers. Adolf Böttger. Leipzig 1839
Lord Byron's Werke. Übers. Otto Gildemeister. 6 Bde. Berlin 1864/65 [mehrere Aufl.]
Lord Byron's sämmtliche Werke. Übers. Alexander Neidhardt. 8 Bde. Berlin 1865
Byrons Werke. Übers. A. Böttger u. a. Hg. Friedrich Brie. 3 Bde. Leipzig u. a. 1912
Sämtliche Werke. Übers. Otto Gildemeister und Alexander Neidhart. Hg. Siegfried Schmitz. 3 Bde. München 1977/78. – 1. Childe Harolds Pilgerfahrt und andere Verserzählungen. 1977. – 2. Don Juan. Gedichte. 1977. – 3. Dramen. 1978
Byron in seinen Briefen und Tagebüchern. Hg. Cordula Gigon. Zürich u. a. 1963
Lord Byron. Ein Selbstbildnis aus Briefen, Tagebüchern und Gedichten. Zweisprachig. München 1979
Briefe und Tagebücher. Hg. Leslie A. Marchand. Übers. Tommy Jacobsen. Frankfurt am Main 1985

3. Periodika. Aufsatzsammlungen

The Byron journal. Hg. (International) Byron Society. London. 1. 1973 ff.
Keats-Shelley journal. Keats, Shelley, Byron, Hunt, and their circles. Hg. Keats-Shelley Association of America. New York. 1. 1952 ff. [mit Current bibliography]
Twentieth century interpretations of «Don Juan». Hg. Edward E. Bostetter. Englewood Cliffs, NJ 1969
Byron. A symposium. Hg. John D. Jump. London u. a. 1975
Byron. «Childe Harold's pilgrimage», and «Don Juan». A casebook. Hg. John Jump. London u. a. 1975
The Constance Byron Symposium, 1977. Hg. Hans Jürgen Diller u. a. Salzburg 1978
New light on Byron. Salzburg 1978
Byron. Poetry and politics. 7. International Byron Symposium, Salzburg 1980. Hg. Erwin A. Stürzl u. a. Salzburg 1981
Byron's political and cultural influence in nineteenth-century Europe. A symposium. Hg. Paul Graham Trueblood. London 1981
Byron und der europäische Byronismus. Hg. Gerhart Hoffmeister. Darmstadt 1983
Byron-Symposium, Mannheim 1982. Hg. Werner Huber u. a. Paderborn 1983
The Hannover Byron Symposium, 1979. Gerd Birkner u. a. Salzburg 1981
Paradiso degli esuli. Shelley e Byron a Pisa. Atti del convegno internazionale di Pisa, Palazzo Lanfranchi, 24–26 maggio 1985. Hg. Mario Curreli u. a. Pisa 1988
Byron and Scotland. Radical or dandy? Hg. Angus Calder. Edinburgh 1989

Byron, the Bible, and religion. Essays from the Twelfth International Byron Seminar. Hg. Wolf Z. Hirst. Newark u. a. 1991

Byron. The critical heritage. Hg. Andrew Rutherford. London u. a. 1970 [Neudr. 1995]

Lord Byron the European. Essays from the International Byron Society. Hg. Richard A. Cardwell. Lewiston, NY u. a. 1997

The plays of Lord Byron. Critical essays. Hg. Robert Gleckner u. a. Liverpool 1997

Byron. Hg. Jane Stabler. London u. a. 1998

Byron as reader. Papers delivered at the 7th symposium of the «Gesellschaft für Englische Romantik» and the 22nd conference of the «International Byron Society» held at the Gerhard-Mercator-Universität Duisburg (August 1996). Hg. Petra Bridzun u. a. Essen 2000

4. Gesamtdarstellungen. Biographisches

TRELAWNY, EDWARD JOHN: Records of Shelley, Byron, and the author. London [1878]. – Dt. Ausg.: Letzte Sommer. Mit Shelley und Byron an den Küsten des Mittelmeers. Aus dem Englischen von Peter Hahlbrock. Berlin 1986 [Taschenbuchausg. München 1998]

MAUROIS, ANDRÉ: Don Juan ou la vie de Byron. Paris 1930. – Letzte dt. Ausg.: Don Juan oder das Leben Byrons. Eine Biographie. München u. a. 1990

QUENNELL, PETER: Byron. The years of fame. London 1935 [mehrere Neudr.]

QUENNELL, PETER: Byron in Italy. London 1941 [mehrere Neudr.]

QUENNELL, PETER: Byron. A self-portrait. 2 Bde. London 1950 [Neudr. New York 1967]

MARCHAND, LESLIE A.: Byron. A biography. 3 Bde. New York 1957

ELWIN, MALCOLM: Lord Byron's wife. London 1962 [Neudr. 1974]

JOSEPH, MICHAEL K.: Byron the poet. London 1964

BUXTON, JOHN: Byron and Shelley. The history of a friendship. London u. a. 1968

MARCHAND, LESLIE A.: Byron. A portrait. London 1970 [mehrere Neudr.]

JUMP, JOHN: Byron. London u. a. 1972

MOORE, DORIS L.: Lord Byron accounts rendered. London 1974

CHAPMAN, JOHN S.: Byron and the Honourable Augusta Leigh. New Haven 1975

ELWIN, MALCOLM: Lord Byron's family. London 1975

LONGFORD, ELIZABETH: Byron's Greece. London 1975

HOWARTH, DAVID J.: The Greek adventure. Lord Byron and other in the War of Independence. London 1976

LONGFORD, ELIZABETH: Byron. London 1976

COOTE, STEPHEN: Byron. The making of a myth. London 1988

Lord Byron. Ein Lesebuch mit Texten, Bildern und Dokumenten. Hg. Gert Ueding. Frankfurt am Main 1988

MASSIE, ALLAN: Byron's travels. London 1988

Stürzl, Erwin A.: A love's eye view. Teresa Guiccioli's «La vie de Lord Byron en Italie». Salzburg 1988

GRAZIANI, NATALE: Byron e Teresa. L'amore italiano. Milano 1995

NORMINGTON, SUSAN: Byron and his children. Stroud 1995

GROSSKURTH, PHYLLIS: Byron. The flawed angel. London 1997

CRANE, DAVID: Lord Byron's jackal. The life of Edward John Trelawny. London 1998

GRAHAM, PETER W.: Lord Byron. New York u. a. 1998

MIELSCH, HANS-ULRICH: Sommer 1816. Lord Byron und die Shelleys am Genfer See. Zürich 1998

EISLER, BENITA: Byron. Child of passion, fool of fame. London 1999. – Dt. Ausg: Byron. Der Held im Kostüm. Übers. Maria Mill. München 1999

NICOLSON, HAROLD: Byron. The last journey, April 1823 – April 1824. London 1999 [zuerst London 1924]. – Dt. Ausg.: Lord Byrons letzte Reise, April 1823 – April 1824. Salzburg u. a. 1948
BAKEWELL, MICHAEL and MELISSA: Augusta Leigh. Byron's half sister. A biography. London 2000

5. Untersuchungen zum Werk

KNIGHT, G. WILSON: Lord Byron. Christian virtues. New York 1953 [Neudr. 1967]
BUTLER, ELIZA M.: Byron and Goethe. Analysis of a passion. London 1956
RIDENOUR, GEORGE M.: The style of «Don Juan». New Haven, Conn. u. a. 1960
RUTHERFORD, ANDREW: Byron. A critical study. Stanford, Calif. 1961
THORSLEV, PETER L.: The Byronic hero. Types and prototypes. Minneapolis, Minn. 1962
KNIGHT, G. WILSON: Byron and Shakespeare. London 1966
GLECKNER, ROBERT F.: Byron and the ruins of paradise. Baltimore 1967
MARCHAND, LESLIE A.: Byron's poetry. A critical introduction. Cambridge, Mass. 1968
STEFFAN, TRUMAN G.: Lord Byron's «Cain». 12 essays and a text with variants and annotations. Austin, Tex. u. a. 1968
COOKE, MICHAEL G.: The blind man traces the circle. On the patterns and philosophy of Byron's poetry. Princeton, NJ 1969
ASHTON, THOMAS L.: Byron's «Hebrew melodies». London 1972
BUECHI, ADOLF: Byrons «Manfred» und die historischen Dramen. Bern 1972
KIRCHNER, JANE: The function of the persona in the poetry of Byron. Salzburg 1973
WARD, HERMAN M.: Byron and the magazines, 1806–1824. Salzburg 1973
CLANCY, CHARLES J.: Lava, hock and soda-water. Byron's «Don Juan». Salzburg 1974
CLANCY, CHARLES J.: Review of «Don Juan» criticism, 1900 to 1973. Salzburg 1974
WHITMORE, ALLEN P.: The major characters of Lord Byron's dramas. Salzburg 1974
DENEAU, DANIEL P.: Byron's narrative poems of 1813. 2 essays. Salzburg 1975
EHRSTINE, JOHN W.: The metaphysics of Byron. A reading of the plays. The Hague [u. a.] 1976
ROBINSON, CHARLES E.: Shelley and Byron. The snake and eagle wreathed in fight. Baltimore 1976
EICHLER, ROLF: Poetic drama. Die Entdeckung des Dialogs bei Byron, Shelley, Swinburne und Tennyson. Heidelberg 1977
LESSENICH, ROLF P.: Lord Byron and the nature of man. Köln u. a. 1978
LOOPER, TRAVIS: Byron and the Bible. Metuchen, NJ u. a. 1978
WESCHE, ULRICH: Byron und Grabbe. Ein geistesgeschichtlicher Vergleich. Detmold 1978
KLEIN, JÜRGEN: Byrons romantischer Nihilismus. Salzburg 1979
WALKER, KEITH: Byron's readers. A study of attitudes towards Byron 1812–1832. Salzburg 1979
CUNNINGHAM, JOHN: The poetics of Byron's comedy in «Don Juan». Salzburg 1982
GILLES, MARIA V.: Byrons Dramen. Experimente mit dramatischen Gestaltungsmöglichkeiten. Frankfurt a. M. u. a. 1982
MARTIN, PHILIP W.: Byron. A poet before his public. Cambridge u. a. 1982
THOMAS, GORDON KENT: Lord Byron's Iberian pilgrimage. Provo, Utah 1983
VASSALLO, PETER: Byron. The Italian literary influence. London 1984
BEATTIE, BERNARD: Byron's «Don Juan». London u. a. 1985

CROMPTON, LOUIS: Byron and Greek love. Homophobia in 19th-century England. Berkeley, Calif. 1985
KELSALL, MILES: Byron's politics. Brighton u. a. 1987
FOOT, MICHAEL: The politics of paradise. A vindication of Byron. London u. a. 1988
CARRETTA, VINCENT: George III and the satirists from Hogarth to Byron. Athens, Ga u. a. 1990
WHITTIER, HENRY S.: Echoes in the mirror. Facets of reflection in «Don Juan». New York u. a. 1990
ROSEN, FREDERICK: Bentham, Byron, and Greece. Constitutionalism, nationalism, and early liberal political thought. Oxford 1992
BRUNNER, LARRY: Dramatic speculation and the quest for faith in Lord Byron's «Cain». Lewiston, NY u. a. 1995
ROMMEL, THOMAS: «And trace it in this poem every line». Methoden und Verfahren computerunterstützter Textanalyse am Beispiel von Lord Byrons «Don Juan». Tübingen 1995
HENDERSON, ANDREA K.: Romantic identities. Varieties of subjectivity, 1774–1830. Cambridge u. a. 1996
SAGLIA, DIEGO: Byron and Spain. Itinerary in the writing of place. Lewiston, NY u. a. 1996
SODERHOLM, JAMES: Fantasy, forgery, and the Byron legend. Lexington, Ky. 1996
HASLETT, MOYRA: Byron's «Don Juan» and the Don Juan legend. Oxford u. a. 1997
LUPAK, MARIO JOHN: Byron as a poet of nature. The search for paradise. Lewiston, NY u. a. 1999
OUEIJAN, NAJI B.: A compendium of eastern elements in Byron's Oriental tales. New York u. a. 1999
WILKES, JOANNE: Lord Byron and Madame de Stael. Born for opposition. Aldershot u. a. 1999
DONELAN, CHARLES: Romanticism and male fantasy in Byron's Don Juan. A marketable vice. Basingstoke u. a. 2000

6. Wirkungsgeschichte

CHEW, SAMUEL C.: Byron in England. His fame and after fame. London 1924 [Neudr. New York 1965]
ŽIRMUNSKIJ, VIKTOR M.: Bajron i Puškin. Iz istorii romantičeskoj poėmy. Leningrad 1924 [mehrere Neudr.]
BREMEN, THILO V.: Lord Byron als Erfolgsautor. Leser und Literaturmarkt im frühen 19. Jahrhundert. Wiesbaden 1977
HERDMANN, UTE: Die südlichen Poeme A. S. Puskins. Ihr Verhältnis zu Lord Byrons Oriental tales. Hildesheim u. a. 1982
BAGBY, LEWIS: Alexander Bestuzhev-Marlinsky and Russian Byronism. University Park, Pa. 1995
ACCARDO, PETER X.: Byron in America to 1830. Cambridge, Mass. 1999

Namenregister

Die kursiv gesetzten Zahlen bezeichnen die Abbildungen

Abrizzi, Isabella Totochi, Gräfin 104
Adair, Robert 64
Aischylos 15
Ali Pascha 57, 58, *59*
Androutses, Odysseus 125, *127*
Apicius, Marcus Gabius 95
Ariosto, Lodovico 15
Aristides 75
Assurbanipal, König von Assyrien 112

Becher, John T. 22, 75
Beckett, Thomas 13
Beckford, William 53
Bentham, Jeremy 125
Berlioz, Hector 137
Blaquiere, Edward 116
Bonivard, Francis 50, 98, 138
Bowers, John 24
Braunschweig, Karoline von 76
Brougham, Lord Henry, 43
Browne, Ford Madox 138
Brummell, George 44
Bruno, Francesco 116
Burke, Edmund 82
Byron, Ada Augusta 92, 130, 131, *93*
Byron, Allegra 113, *110*
Byron, Augusta 17, 31, 33, 87, 89, 91, 92, 95, 98, 104, 105, 130, 131, *88*
Byron, John 10, *11*
Byron, Lord John 10, 17, 18, 21, *19*
Byron, of Colwythe John 13
Byron, William 11

Caligula, Gaius Caesar 95
Calvin, Johann 24
Camões, Luis Vaz de 40

Campbell, Thomas 44
Canning, George 124
Carlisle, Lord Frederick Howard 28, 75
Carmarthen, Amelia, Marchioness of 17, 21, *18*
Cartwright, John 82
Castelnau, Gabriel de 120
Castlereagh, Lord Robert Stewart, 76, 109, 121, 124, *78*
Cervantes Saavedra, Miguel de 15, 123
Chalandritsanos, Loukas 48, 129
Chaworth, Elizabeth 13
Chaworth, John 12
Chaworth, Mary 12, 31, 33, 41, 51, *30*
Clairmont, Claire 96, 113
Cogni, Margherita, 101, *102*
Coleridge, Samuel Taylor 137
Coloctrones, Theodor 125
Crabbe, George 44
Cromwell, Oliver 13

Dallas, Robert Charles 68, 69, 75
Dante Alighieri 15
Davies, Scrope 52
Delacroix, Eugéne 137
Delawarr, George John 30
Disraeli, Benjamin 138
Donizetti, Gaetano 137
Donoughmore, Earl of 80
Drury, Henry 60, 63
Drury, Joseph 28, 31
Duff, Mary 25

Eckermann, Johann Peter 21, 134
Edleston, John 38, 41, 47, 51
Ekenhead, William 63

Elgin, Thomas 60
Elledge, Paul 123
Erneis 13

Fletcher, William 47, 53, 95
Fox, Lord Charles James 75, 76, 82

Gamba, Pietro, Graf 110, 116, 127
Gamba, Ruggiero, Graf, 110
Georg III. 76
Georg IV. 76, 112, *77*
Geßner, Salomon 112
Gildemeister, Otto 9
Giraud, Nicolo 66, 67
Godwin, Mary Wollstonecraft 96
Goethe, Johann Wolfgang von 7, 21, 48, 74, 98, 112, 123, 133, 134, 135, 137, *135*
Gordon of Gight, Alexander 13
Gordon of Gight, Catherine 17, 19, 20, 21, 23, 39, 68, *20*
Gordon of Gight, John 18
Gray, May 25, 35, 47
Guiccioli, Alessandro 106
Guiccioli, Teresa 104, 106, 112, 116, 121, *107*

Hanson, John 27, 28, 39, *38*
Harness, William 30
Heine, Heinrich 137, 148
Heinrich II. 13
Heinrich VIII. 13, 76, 95
Heliogabal, Marcus Aurelius Antonius 95
Hobhouse, John Cam, Lord Broughton, 34, 44, 45, 53, 54, 56, 57, 60, 65, 89, 95, 98, 99, 125, 130, *34*
Hodgson, Francis 44, 53, 80
Holland, Lord Henry Richard 79, 80, 82, 120
Homer 62
Hume, David 52, *53*
Hunt, Leigh 114, *113*

Jackson, John 21
Jakob I. 18
Jersey, Sarah 95
Johnson, Samuel 40
Jussuf Pascha 128

Karl I. 13, 76
Karl II. 13
Katharina II., Zarin, 120
Keats, John 137
Kennedy, James 7, 126
Kinnaird, Douglas 130
Kleist, Heinrich von 15

Lamartine, Alphonse de 137
Lamb, Lady Caroline 83, 84, 86, 93, 121, *84*
Lamb, Lord William 83
La Rochefoucauld, François VI, Duc de 124
Lee, Harriet 115
Leigh, Augusta 21
Leigh, Elizabeth Medora 88, 89
Leigh, George 87
Le Mann, Francis 92
Lenau, Nikolaus 137
Lermontow, Michail J. 138
Lewis, Matthew Gregory 44, 98
Londos, Andreas 60
Long, Edward Noel 30
Lucinda 47
Lud, Ned 78
Ludwig XVIII. 96
Luriottis, Andreas 116
Lyon, John 28

Mackintosh, James 125
Macri, Tarsia 60, 65
Macri, Theresa 60, 65, *62*
Mahmud II. 57, 64
Marchand, Leslie 8
Martin, John 138
Matthews, Charles Skinner 44
Mavrokordatos, Alexander Fürst 125, 127, 128, *126*
Mazeppa, Iwan S. 50
Mazzini, Guiseppe 148
McGann, Jerome 8
Medwin, Thomas 14, 112
Mehmed II. 57
Melbourne, Lady Elizabeth, Lady 27, 86, 87, 88, 89, 90, 120, *26*
Melbourne, Lord 83
Metternich, Clemens Lothar Fürst von 108, 109, *109*

Mickiewicz, Adam 138
Milbanke, Lady Annabella 15, 23, 33, 89, 90, 91, 92, 131, *91*
Milbanke, Lady Anabella Noel 112
Milbanke, Sir Ralph 86, 90
Millingen, Julius 23, 130
Milton, John 73, 112
Mohammed Ali 57
Molière 118
Montaigne, Michel Eyquem de 124
Moore, Thomas 7, 16, 40, 43, 83, 136, *85*
Moray, Lord 18
Mozart, Wolfgang Amadé 118
Müller, Wilhelm 125
Murray, Joe 47, 53
Murray, John 69, *68*
Mustafa III. 57
Musters, John 32, 33

Napier, James 124
Napoleon I. 41, 52, 54, 76, 107
Neidhart, Alexander 9
Nero, Claudius Drusus Germanicus 95

Oxford, Jane Elizabeth, Countess of 85, *86*

Parker, Margaret 27
Percy, Thomas 45
Pickersgill, Joshua 48
Pigot, Elizabeth 40
Pitt, William 76
Pitt, William, Earl of Chatham 75, 82
Polidori, John William 95, *94*
Pope, Alexander 40, 43, *43*
Puschkin, Alexander S. 138, 147

Radulphus 13
Rogers, Samuel 16, 44, 83
Rousseau, Jean-Jacques 74, 98
Rushton, Robert 47, 48, 53, 54, 95, *55*
Ruthyn, Lord Grey de 33, 35, 45, 47

Schiller, Friedrich 40
Schliemann, Heinrich 62
Schmitz, Siegfried 9
Schumann, Robert 137
Scott, John 116, 124
Scott, Sir Walter 7, 16, 43, 45, 91, 123, 147
Segati, Marianna 101, *100*
Seubert, Adolf 9
Shakespeare, William 23, 134
Shelley, Mary 48, 96
Shelley, Percy Bysshe 96, 97, 106, 112, 113, 114, 116, 123, *97*
Sheridan, Richard Brinsley 44, 82
Smith, Spencer 54, 67
Sophokles 15
Southey, Robert 7, 121, 137, 147
Staël, Anne Louise Germaine de 7, 100
Stanhope, Charles 82
Stanhope, Leicester 127, 128
Stendhal (Henri Beyle) 7, 100, 147
Sulla, Lucius Cornelius 75
Suworow, Alexander W. 120
Swift, Jonathan 124
Swowacki, Juliusz 138

Tasso, Torquato 15
Tirso de Molina 118
Trelawny, Edward John 112, 114, 116, *114*
Turner, Joseph Mallord William 138

Verdi, Giuseppe 138
Voltaire 124

Wallenstein, Albrecht von 18
Walpole, Horace 45
Washington, George 75
Webster, Frances 86
Webster, James Wedderburn 86
Wilhelm der Eroberer 13, 15
Wordsworth, William 44, 121, 137

Young, Edward 31

Über den Autor

Hartmut Müller, geb. 1932, Dr. phil., Studium der Germanistik, Anglistik, Geschichte und Philosophie, als Autor und Herausgeber tätig, Aufsätze in Fachzeitschriften, Beiträge zu Sammelwerken, journalistische Arbeiten. Er starb 1995.

Selbständige Veröffentlichungen u. a.: Formen moderner deutscher Lyrik (1970, ⁴1987); Hofmannsthal, Jedermann (Grundlagen und Gedanken zum Drama, 1974); Predigt in Farbe. Spätbarocke Fresken von Johann Anwander und Joseph Wannenmacher in Schwäbisch Gmünd (mit Farbfotos von Johannes Schüle, 1984); Franz Kafka. Leben, Werk, Wirkung (Hermes Handlexikon, 1985); Postgaul und Flügelroß. Der Journalist Christian Friedrich Daniel Schubart 1739–1791 (1985). [Mit dem Schubart-Literaturpreis der Stadt Aalen ausgezeichnet]; Stefan Zweig mit Selbstzeugnissen und Bilddokumenten (rowohlts monographien Bd. 413, 1988); Anleitung zum Bau von Luftschlössern. Gedichte (1990); Literaturreisen. Mörike in Schwaben (1991); Literaturreisen. Der Neckar (1994).

Hg.: Lacht nur, Menschen, lacht! Heitere, kuriose und drastische Predigten aus alter Zeit (1989); Martin Luther – privat. Briefe an Familie und Freunde (1990).

Quellennachweis der Abbildungen

Aus: Peter Brent, Lord Byron, London 1974: 6, 14, 22, 24, 25, 26, 28, 29, 30, 32, 34, 37, 41, 46/47, 49, 55, 56, 58, 62, 64/65, 68, 69, 73, 81, 84, 86, 88, 91, 93, 94 o., 94 u., 98, 100, 102, 105, 107, 108, 110, 111, 114, 115, 119, 121, 126, 127

BBC, Hulton Picture Library, London: 11, 43, 53, 59, 63, 85

Aus: Doris Langley Moore, Lord Byron, Accounts Rendered: 12, 18, 19, 20, 38, 70, 101, 136

National Portrait Gallery, London: 61, 77, 78, 97, 113

Aus: Elisabeth Longford, Byron, London 1976: 66, 99, 103, 129, 131

Archiv für Kunst und Geschichte, Berlin: 109

Literatur

rowohlts monographien
Begründet von Kurt Kusenberg, herausgegeben von Wolfgang Müller und Uwe Naumann.

Alfred Andersch
dargestellt von
Bernhard Jendricke
(50395)

Lou Andreas-Salomé
dargestellt von Linde Salber
(50463)

Bettine von Arnim
dargestellt von
Helmut Hirsch
(50369)

Jane Austen
dargestellt von
Wolfgang Martynkewicz
(50528)

Ingeborg Bachmann
dargestellt von Hans Höller
(50545)

Simone de Beauvoir
dargestellt von
Christiane Zehl Romero
(50260)

Wolfgang Borchert
dargestellt von
Peter Rühmkorf
(50058)

Albert Camus
dargestellt von
Brigitte Sändig
(50544)

Paul Celan
dargestellt von
Wolfgang Emmerich
(50397)

Raymond Chandler
dargestellt von
Thomas Degering
(50377)

Theodor Fontane
dargestellt von
Helmuth Nürnberger
(50145)

Ernest Hemingway
dargestellt von
Hans-Peter Rodenberg
(50626)

Henrik Ibsen
dargestellt von
Gerd E. Rieger
(50295)

James Joyce
dargestellt von Jean Paris
(50040)

rowohlts monographien

Ein Gesamtverzeichnis der Reihe *rowohlts monographien* finden Sie in der *Rowohlt Revue*. Vierteljährlich neu. Kostenlos in Ihrer Buchhandlung.
Rowohlt im Internet:
www.rowohlt.de

4505/10